HISTOIRES GAIES

OUVRAGES DU MÊME AUTEUR

LE CONTE DE L'ARCHER. Illustrations de Poirson. 1 vol. in-18 .... 3 50
LE CÉLÈBRE CADET-BITARD. Illustrations de Fraipont. 1 vol. in-18 .... 3 50
ROSE DE MAI. Roman, 100 dessins de Courboin. 1 vol. in-18 .... 3 50
CONTES A LA BRUNE. Illustrations de Kauffmann. 1 vol in-18 .... 3 50
CONTES GRASSOUILLETS. Eaux-fortes de Kauffmann. 1 vol. in-18 .... 3 50
EN PLEINE FANTAISIE. Illustrations de Beauduin. 1 vol. in-18 .... 3 50
CONTES DE DERRIÈRE LES FAGOTS. Illustrés par F. Lacaille. 1 vol. in-18 .... 3 50
POUR FAIRE RIRE. Gauloiseries contemporaines. Illustrations et eau-forte de Kauffmann. 1 vol. in-18 .... 3 50
HISTOIRES BELLES ET HONNESTES. Illustrations et eau-forte de Kauffmann. 1 vol. in-18 ... 3 50
POUR LES AMANTS. 1 vol. in-32, sur papier de luxe. 5 »

DANS LA COLLECTION A 60 CENTIMES

HISTOIRES JOYEUSES. .... 1 vol.
HISTOIRES POLATRES .... 1 —
MAÏMA. .... 1 —
CAS DIFFICILES. .... 1 —

ÉMILE COLIN — IMPRIMERIE DE LAGNY

ARMAND SILVESTRE

HISTOIRES GAIES

PARIS
ERNEST FLAMMARION, ÉDITEUR
26, RUE RACINE, PRÈS L'ODÉON

Tous droits réservés.

HISTOIRES GAIES

LA LUNE NOIRE

I

— Ne regrettes-tu rien du temps de tes voyages? demandai-je un jour à mon vieux camarade Lariboule qui, après avoir fait quinze fois le tour du monde, est aujourd'hui, comme moi, un doux pasteur d'abeilles dans la banlieue, un Aristée suburbain, comme moi un cultivateur de roses.

Il me regarda d'un air plein de franchise, et me répondit :

— Si ; l'amour des femmes de couleur.

Et comme je le contemplais à mon tour, avec quelque étonnement :

— Rappelle-toi, continua-t-il, ce vers virgilien que nous scandions ensemble à l'institution Pédavoine :

Alba ligustra cadunt ; vaccinia nigra leguntur

que les cancres d'aujourd'hui traduiraient : « Le plum-pudding est souvent moins fade que les œufs à la neige ». Et quoi d'étonnant à cela ? La couleur est loin d'avoir, en amour, la même importance que la forme, ce qui permet aux aveugles eux-mêmes d'en goûter les plastiques délices, et j'ai connu des femmes noires dont la ligne était la plus harmonieuse du monde. Les exagérations, elles-mêmes, que comporte le dessin de leur personne ne sont pas pour déplaire aux gens de bon goût. Car, une fois assises, ce qu'on appelle l'assiette, pour les autres, se pourrait nommer, chez elles, le plat, même la soupière. Ensuite les hommes de bon sens des temps anciens ne les ont pas méprisées : témoin le roi Salomon qui passa longtemps pour un grand sage et reçut fort bien, précisément pendant cette période lucide, la reine de Saba, malgré qu'elle ressemblât à un encrier vivant. Enfin on trouve, chez ces fleurs de réglisse, une fidélité qui ne court pas précisément les rues des villes blanches. Je n'ai pas la fatuité de croire que la fatalité ait pris la peine de me poursuivre particulièrement, comme autrefois Œdipe ; mais force m'est d'avouer que je n'ai jamais pu avoir une maîtresse, en Europe, sans être abominablement cocu. Or je n'ai jamais goûté que médiocrement les préférences dont les autres étaient l'objet. Les femmes mariées elles-mêmes ne se contentaient pas de tromper leur époux avec moi seul, et je n'ai jamais pratiqué l'adultère qu'en commandite, tandis que Nausicaca...

— Qui ça, Nausicaca, Lariboule ?

— La femme du vaillant chef Bôtutu, de la tribu des Chippvays, en une île d'Océanie que j'ai baptisée de mon nom, et dont le seul souvenir m'emplit encore du plus mélancolique regret. Car il réveille, dans ma mémoire, l'écho de mes plus heureuses tendresses.

Et, au souvenir de cette femme, Lariboule sentit si bien ses yeux se mouiller que, pour la première fois, une goutte d'eau tomba dans son cassis qu'il prenait toujours sec.

— Conte-moi ça, lui demandai-je.

Et il acquiesça à ma demande, après s'être bien tamponné les paupières, pour que son cassis ne finît pas par être simplement de l'abondance.

II.

— Une île très chouette que mon île et dans laquelle j'eus, comme tout explorateur français, à lutter tout d'abord avec l'influence anglaise, laquelle s'était traduite, suivant l'usage, par une diffusion considérable de bibles reliées en papier imitant la toile, laquelle elle-même imitait le maroquin, et par l'installation, dans le palais même du souverain, de ces commodités qui ne sont celles de la conversation, comme dans Molière, que chez les gens mal élevés et ayant le verbe postérieur un peu haut. J'avais donc eu, tout d'abord, à me demander par quelle institution bienfaisante je pourrais, à mon tour, affirmer la civilisation française dans ces lointaines contrées. Je m'arrêtai à l'établissement d'un impôt sur la pierre à fusil, qui prend beaucoup mieux là-bas que nos allumettes gouvernementales, et à la propagation de la percale blanche, dont j'avais un stock, comme vitres aux croisées, très recommandée par la Ligue contre la licence des rues, parce qu'elle ne permet pas aux passants de voir les cochonneries qui se font dans les maisons. Enfin, ce peuple étant, comme tous les peuples primitifs, à commencer par les pâtres de Chaldée, très enclin à l'astronomie, j'achevai d'y dégotter l'influence britannique en le dotant d'un observatoire auquel j'affectai un vieux télescope dont je ne savais comment me défaire.

J'avais, dans le choix de ces bienfaits, un triple but :

D'abord, m'enrichir avec l'impôt sur le silex pyrifère ; ensuite, me débarrasser, pendant la nuit, du roi Bôtutu, qui ne quitterait plus sa lunette. Enfin, rendre opaques les fenêtres de son palais pour pouvoir y rigoler bien tranquillement, pendant ce temps-là, avec la délicieuse Nausicaca dont j'avais fait immédiatement ma bonne amie, comme doit le faire tout voyageur qui porte la bonne parole de la morale chrétienne à de malheureux païens. Oh! les nuits exquises, derrière mes stores intelligents, dans la tiédeur de la chambre royale parfumée, cependant que cet imbécile de Bôtutu consultait les astres, en se fichant des torticolis. Car il fallait positivement se tordre le cou pour regarder dans mon télescope. On aurait pu l'employer à faire se suicider les poulets au lieu de les tuer méchamment.

C'est que Bôtutu était plus superstitieux que ses sujets eux-mêmes. Un oracle l'avait averti dans son enfance que la lune noire apparaîtrait sous son règne. Or, la lune noire amènerait des malheurs infinis à la tribu des Chippvays, notamment un changement de dynastie, perspective que Bôtutu abominait particulièrement; d'autant que jamais, là-bas, on n'installe un roi nouveau sans avoir préalablement étranglé son prédécesseur. Encore une imitation de la civilisation anglaise à travers les âges. Nausicaca et moi, qui avions mieux à faire qu'à nous occuper de ces billevesées, nous les entretenions néanmoins avec grand soin dans le cerveau cornigénère de ce crédule monarque. Nous feignions de parler de la lune noire avec terreur, pour l'envoyer plus vite à son observatoire. Mais moi, en particulier, ce que j'en avais peu peur ! Je la tutoyais, la lune noire, j'étais dégoûtamment familier avec elle, je la baisais comme une patène dominicale, la belle lune noire de ma tant chère Nausicaca !

III

J'orientais moi-même, dans la journée, d'après mon petit bouquin du Bureau des longitudes, l'instrument de Bôtutu vers les voûtes célestes. Car lui-même n'aurait pas été fichu d'y trouver la lune. Je défendais donc expressément qu'on touchât au télescope, après que je l'avais braqué. Mieux que cela, j'emportais ensuite la clef de l'observatoire dans ma poche, pour ne la remettre à Bôtutu qu'à l'heure où commençaient ses astronomiques travaux. J'ai donc tout lieu de penser que ce fut par quelque fente élargie de l'édifice que le singe favori de Nausicaca, l'odieux Bistoque (c'est le nom que je lui avais donné), s'y glissa entre les planches ; car vous pensez bien que mon scientifique édifice avait été plus sommairement établi que le palais d'Arago et de Le Verrier. Ce misérable Bistoque, outre qu'il avait une tonsure ironiquement anticléricale au derrière, était à la fois souple comme un serpent et curieux comme une fouine. J'avais remarqué cent fois que le télescope l'intéressait beaucoup et qu'il aurait été ravi d'en trifouiller les vis directrices. Ah ! la satanée bête ! Comment était-elle entrée, ce jour-là, dans ce cosmographique asile spécialement bâti pour le plus grand cocu du royaume ?

Bôtutu était parti pour ses observations, après nous avoir offert, à Nausicaca et à moi, un excellent verre de vespétro fait avec de l'alcool de bananier. Jamais ma maîtresse n'avait semblé mieux disposée à me rendre parfaitement heureux. Sa belle chevelure crespelée avait, autour de sa tête, un imperceptible foisonnement d'électriques étincelles ; sur son beau corps souple, les dernières lumières du jour agonisant mettaient des luisants de bronze ; grâce à un régime uniquement composé de farineux (que de cassoulets toulousains j'avais faits pour elle !) je l'avais améliorée encore d'une douzaine de kilos. Sa peau menaçait de s'ouvrir, sur les fesses, en deux rainures parallèles à leur surget naturel. O montagnes de délices ! Jamais Moïse n'avait été plus ému que moi en contemplant le Sinaï.

Scrupuleusement nue, derrière mes vitres intransparentes et brevetées, je la lutinais par la chambre, en une chasse imaginaire où nous nous amusions comme deux fous. Bon ! elle s'est réfugiée contre la fenêtre, en lui tournant le dos. Je la pousse maladroitement et voilà que la toile servant de carreaux crève au bon endroit, livrant aux caresses du plein air le pétard de mon illégitime fiancée. J'en riais, pour ma part, comme un moine en guilledou... Mais tout à coup une rumeur sinistre, des lamentations terribles, une clameur douloureuse et pleine de prières désespérées emplissent les abords du palais. Subitement envahis, Nausicaca et moi, par la terreur commune, nous écoutons. « La lune noire ! la lune noire ! », crie-t-on autour de nous. Et nous entendons, du côté de l'observatoire, la voix râlante de Bôtutu qu'on étrangle, en même temps que des cris farouches et joyeux tout ensemble acclament son rival et son successeur. « Vive Popolili III ! », crient les voix populaires. *Vox populi, vox Dei !* Et, instinctivement, pris peut-être aussi de folie subite, nous nous mettons à crier, pour obéir au destin : « Vive Popolili III !... »

C'était — je le sus après — cette sotte bête de Bistoque qui, en jouant avec le télescope, l'avait précisément, et par un hasard malheureux, orienté vers la fenêtre du palais derrière laquelle nous nous ébattions, en nos divertissements cynégétiques, Nausicaca et moi. Tu devines le reste. Au moment où le postérieur d'ébène de ma bonne amie avait crevé la percale blanche, l'infortuné Bôtutu, qui croyait attendre le passage de la lune, avait vu le disque noir et la terreur avait arraché de sa poitrine ce cri d'angoisse et d'imprudence : « La lune noire ! » Les prêtres et le peuple qui passaient l'avaient entendu. La révolution était déchaînée. Je quittai l'île en proposant généreusement à Nausicaca de l'emmener à Argenteuil. Mais elle préféra de beaucoup épouser le nouveau roi et garder son rang. Ce fut sa première faiblesse pendant nos exquises amours.

Et mon ami Lariboule se tut.

EMPAILLÉ

I

On l'appelait, à bord, Thomas, quand on le rapporta d'Amérique. C'était un jaco, variété de perroquets particulièrement bavarde, de moyenne taille, avec un beau plumage luisant d'un gris perle cendré, une bordure rose aux ailes et une longue queue écalarte ; sa petite langue, épaisse et noire, était si bien accrochée dans son petit bec noisette qu'il en tirait tous les sons imaginables, depuis le bruit cristallin des verres qu'on choque jusqu'au roulement sourd du canon lointain. Mais son triomphe, dans ce genre d'imitation, était le « nom de Dieu ! » du timonier qu'il faisait péter, à tout propos, comme le timonier lui-même. Quand il débarqua au Havre, venant de la Guinée, sa patrie, c'est par un « nom de Dieu ! » qu'il salua la nôtre, en battant joyeusement des ailes.

Thomas ne devait pas avoir à se plaindre de l'exil. Quand Mme des Etoupettes l'acheta pour sa fille Amélie, celle-ci sauta de joie comme un enfant, bien qu'elle eût ses dix-huit ans de la veille. Bien vite, de l'humble sabot de bois dont le volatile avait été le Silvio Pellico, elle le fit passer dans un cachot magnifique, aux barreaux dorés, et commença de lui offrir les mets les plus variés, que l'intelligent animal aimait surtout à déguster sur les lèvres fraîches et roses de sa nouvelle maîtresse, en quoi je le trouve bien plus malin que tout ce qu'il pouvait dire. Ce fut une adoration réciproque de l'oiseau reconnaissant pour sa bienfaitrice, et de la jeune fille pour son joli compagnon à qui elle tentait d'apprendre les plus élégants propos du monde. Thomas s'y prêtait de bonne grâce. Mais il ne manquait jamais de terminer la phrase la plus gracieuse par son éternel « nom de Dieu ! » ce qui en diminuait le côté caressant. — « Cet oiseau est bien mal élevé », ne pouvait s'empêcher de dire Mme des Etoupettes. — « Il ne comprend pas, maman ! » répondait mélancoliquement Amélie, en fermant, entre ses belles lèvres, le bec incongru du jureur.

On maria Amélie à un de ses cousins, oh ! un parfait crétin genre sportsman, impertinent, ignorant, tranchant, le vicomte Guy de la Mauve. Comment une si charmante personne consentit-elle à mêler sa vie à celle de ce jocrisse ? Peut-être parce qu'elle ignorait que ce jocrisse fût jaloux. Oui, mes doux compagnons des deux sexes, mes benoîts lecteurs et lectrices, mes excellents disciples, ce saugrenu personnage avait la prétention d'être seul aimé d'une ravissante fille ayant la moitié de son âge, dont la changeante chevelure et les yeux menteurs eussent fait le génie et la douleur de vingt poètes lyriques dont j'aurais été volontiers ! Outrecuidant paillasse ! Je ne sais pas ce qui me retient de camper là cette histoire et d'en commencer une autre, pour n'avoir pas à parler de ton sot individu ! Mais non ! Comme tu joues, dans celle-ci, un rôle ridicule, je l'achèverai pour ta confusion, Othello de la Mauve!

Jaloux! Le vicomte était jaloux! Et de qui, s'il vous plaît? Sa femme était pure comme une moisson de lys, comme l'eau d'une source, comme un ciel de mai. C'est un ange que M. le maire, trop myope, sans doute, pour en distinguer les blanches ailes, avait, par distraction, accouplé à ce centaure dégénéré. Jaloux de qui, alors? Ah! mon Dieu! de Thomas! Il prit tout d'abord l'innocent perroquet en grippe pour les caresses qu'Amélie lui prodiguait. Et quelle grippe, mes enfants du bon Dieu! Le pauvre hère ne pouvait parler, siffler, chanter, imiter le trinquement des verres ou la pétarade des canonniers, que ce grotesque n'entrât dans de véritables attaques de nerfs. Un jour, fou de colère, il gifla l'oiseau qui lui lança au visage un menaçant « nom de Dieu! » dont il faillit reculer. Car il était couard comme un blaireau, tout gentilhomme qu'il fût.

— Madame, dit-il à Amélie d'une voix étranglée par la fureur, je vais courir, huit jours durant, les routes sur ma bicyclette de Venise, et si, à mon retour, je ne trouve pas ce malotru d'oiseau empaillé, je vous jure que je le fais cuire et vous force à en manger le cœur.

M. le vicomte connaissait ses classiques et la sombre légende de Françoise de Châteaubriant.

Amélie pleura d'abord beaucoup, puis elle se mit à rire comme une folle, d'une idée de génie qui lui était poussée. Elle fit venir de Paris — car nous sommes au château de la Mauve — un perroquet tout empaillé, de la même race que le sien, et, montant la cage de Thomas dans un grenier où son mari ne mettait jamais les pieds, elle continua d'aller faire de furtives visites à son favori et de passer, dans son spirituel entretien, les heures de solitude que lui donnaient les goûts sportifs de M. de la Mauve.

Quand celui-ci revint de son record, les jambes en manches de veste et écartées comme celles du colosse de Rhodes, la tête rentrée dans les épaules, barbouillé de sueur et de poussière, il eut un méchant sourire de satisfaction, en voyant, sur un coin de la cheminée, sa fausse victime :

— Au moins, fit-il, celui-là ne dira pas: « Nom de Dieu ! »

II

Il serait immoral qu'un jaloux par avance ne devînt pas un postérieur cocu. Si innocente que soit une femme en se mariant, et si bonne volonté qu'elle ait ensuite d'être fidèle, elle ne saurait être sotte au point de ne pas avoir les avantages d'un état dont elle a les inconvénients. En méritant les soupçons de son mari, elle ne fait qu'un acte de justice. Et voilà comment la charmante Amélie, vicomtesse de la Mauve, qui eût été avec un autre époux, vraisemblablement, la plus honnête femme du pays, devint la maîtresse du capitaine Monistrol, de la garnison la plus voisine, un beau gars d'officier, un peu soudard, mais de résistance héroïque au déduit. Pendant que notre gentilhomme faisait aux cerfs des chasses voisines une guerre déloyale, nos deux larrons d'honneur conjugal —

lui, le séducteur heureux, et elle, l'épouse infidèle — flirtaient à la française, je veux dire passaient de belles heures dans un lit douillet, pratiquant cent mignardises, suivant le doux propos du vieux poète Ronsard. Or, une fois qu'ils célébraient ainsi leur amoureux office avec une extraordinaire ferveur, il advint que le vicomte, ayant tué, par maladresse, un de ses chiens, ce dont il pleurait comme un veau, rentra plus tôt qu'il n'était attendu, et si inopinément que le pauvre capitaine n'eut que le temps de se fourrer sous le lit avec tout son fourniment.

Il était dix heures du soir et le vicomte déclara qu'il s'allait coucher incontinent, étant fort lassé d'avoir couru les bois avec sa meute. Force fut à Amélie tremblante d'en faire autant, tout en recommandant à Dieu, en une courte prière, l'infortuné Monistrol dont elle était furieusement embarrassée. Très pensive, elle s'étendit dans la blancheur des draps où l'avait trouvée son époux, se plaignant d'une feinte migraine, et s'avoua qu'elle ne savait vraiment pas comment elle sortirait de ce mauvais pas. Le vicomte, qui mourait de sommeil, souffla fort heureusement la lumière, et Monistrol dut à cette fatigue du locataire du dessus de ne pas endurer un des plus cruels supplices du métier d'amant, celui d'assister au bonheur du mari. Mais il n'en était guère plus heureux, le pauvre! Recroquevillé dans un local infiniment trop étroit, il y sentait venir des courbatures intolérables de tous les membres, le cou tordu, les reins ployés, l'échine douloureuse.

Ma foi, à un certain moment, si héroïque qu'il fût de nature, il n'y tint plus, et, malgré lui, perdant toute prudence, il se soulagea provisoirement en poussant un « nom de Dieu ! »

Le vicomte qui ronflait, en ce temps-là, s'interrompit et eut un tressaillement.

— On a dit : « Nom de Dieu ! » ici, fit-il à sa femme.

— Vous êtes fou, mon ami.

— J'ai distinctement entendu.

— Vous avez rêvé, et c'est l'âme de mon pauvre perroquet qui vous tourmente, de mon pauvre Thomas dont vous avez causé la mort.

— Au fait ! c'est peut-être vrai !

Et, décidément brisé par la lassitude de la chasse, le vicomte se rendormit, et si profondément, cette fois-là, que Monistrol put décamper dans l'ombre avec son équipement, ce dont Mme de la Mauve, qui était pieuse, remercia bien dévotement la sainte Vierge.

Puis elle pensa que son mari pourrait bien, en se réveillant, se rappeler le « nom de Dieu ! » qu'il avait entendu dans la chambre et recommencer de dangereux interrogatoires. Décidément géniale, en cette nuit d'aventures, elle grimpa doucement au grenier et en rapporta le vrai Thomas qu'elle substitua, sur la cheminée, à l'oiseau empaillé dont elle lui donna le perchoir. Puis elle se recoucha en adressant, à tous les saints du paradis ! de nouvelles actions de grâces. Oncques les bienheureux ne reçurent-ils tant de louanges qu'en cette adultère nuit.

Au premier rayon du jour frangeant de lumière blanche les rideaux de la croisée, Thomas, tout joyeux d'être réintégré, lança un bon : « Nom de Dieu ! »

Le vicomte bondit.

— On a encore dit : « Nom de Dieu ! » dans la chambre ! hurla-t-il.

— Le perroquet, mon ami, probablement.

— Mais il est empaillé depuis trois mois.

— C'est vrai.

— Nom de Dieu! nom de Dieu! nom de Dieu! fit Thomas en battant des ailes.

— Ah! mon Dieu! s'écria en feignant la surprise, elle-même, la vicomtesse.

M. Guy de la Mauve était positivement abasourdi. Un instant après, on l'entendit dire:

— Je savais que les perroquets avaient la vie dure, mais à ce point-là...

— « Nom de Dieu! » conclut Thomas.

STATISTIQUE

1

Avez-vous une opinion faite sur la vélocipédie ? En optimiste que je suis de nature (oh ! combien peu de mon temps !), je n'en veux dire que les côtés séduisants qui m'en frappent. Le vélocipède sauvera la société, pour ce qu'il est le correctif du téléphone. Ah ! celui-là, par exemple, comme je le hais ! Il a coupé court à toutes les discrétions de la vie ; il a transformé la maison en place publique ; il a dissipé le dernier mystère protecteur de l'amour. Il a sapé, dans ses fondements, la sainte institution du mariage en rendant impossible l'adultère que les délicats préféraient généralement au divorce. Allez donc invoquer maintenant les alibis matrimoniaux ! Madame téléphone à monsieur à son bureau et constate, en quelques minutes, qu'il n'y est pas. A ce moyen de correspondance rapide comme la foudre, il fallait opposer un moyen de locomotion non moins rapide. Monsieur n'était pas à son bureau, mais il y peut rentrer en quelques minutes et mettre son absence sur le dos d'un besoin pressant... Oh ! oh ! le dos d'un besoin ! J'ai marché dans quelque mauvais auteur ce matin. Le tandem, tenez, le tandem me paraît particulièrement précieux. Il permet aux amants de disparaître en quelques secondes, avant même qu'on ait vu leurs visages, sans avoir la douleur de se séparer. C'est certainement un idéal au point de vue de la morale amoureuse.

Sans partager l'horreur qu'elles inspirent à mon ami le bon sculpteur Jean Baffier, j'avoue que j'aime mieux voir les dames, dont j'admire la plastique, sur un trône, — voire sur un simple divan, qu'entre les roues d'une bicyclette. Vous remarquerez cependant que, dès l'antiquité, la Fortune fut représentée sur une roue. C'est peut-être les deux qui aggravent le cas. Mais où je bénis l'institution nouvelle, c'est qu'elle détruit le préjugé ridicule qui empêchait les femmes de monter à cheval, comme les anciennes amazones, noblement à califourchon. J'en ai déjà rencontré deux, au Bois, et des plus élégantes, qui profitaient de cette émancipation pour se tenir en selle comme de simples écuyers de Saumur. Et ce que c'était joli ! Ce que le mouvement des cuisses était plus intéressant que la pose accroupie et suspendue à un jarret dont nous gratifiaient ces dames. O bicyclette, merci ! Si, de plus, tu débarrasses l'homme, à jamais, du chapeau odieux qui lui donne l'air d'un poêle, tu auras bien mérité de l'humanité présente.

Qu'il soit interdit, par exemple, sous les peines les plus sévères, de remplacer, à la ville, la jupe longue par la jupe courte, qui ne permet plus aucune des découvertes charmantes dont était faite la promenade du célibataire de quelque imagination. O plaisir exquis de suivre une femme sous les méandres de sa jupe, avec l'espoir furtif, souvent trahi, qu'elle la retroussera seulement jusqu'au-dessus de la cheville, en montant en voiture ou en traversant un ruisseau ! Ce problème du mollet que se posaient tous ceux qui suivent les femmes, il disparaîtrait de nos mœurs ambulatoires, si le mollet nous était révélé brutalement, prodigué à tous les carrefours. Ici la pudeur conspire, avec un doux libertinage, pour le maintien de la mode actuelle. Bicyclette, ma mie, ne va pas trop loin ! Mais, jusque-là, je ne suis pas ton ami aveugle, comme ce sacré Capelmuche que je vous présente et son acolyte Piédelubin qui ne cessent de déblatérer contre le progrès.

O Bouvard ! O Pécuchet ! Que vous êtes immortels ! On s'apercevra quelque jour que le livre de Flaubert est tout simplement un pendant bourgeois de *Don Quichotte*. En attendant, son insuccès relatif, après le triomphe de tous ses autres ouvrages, indique seulement que le monde est particulièrement composé de Pécuchet et de Bouvard qui n'aiment pas qu'on rie à leurs propres dépens. Égoïstes !

II

Donc mon camarade Capelmuche et son acolyte Piédelubin ont juré de protester, de toutes les façons, contre l'invasion du ciclysme, et contestant ses qualités hygiéniques, celles qui touchent le plus les fervents de la longévité, ils préconisent la marche comme le seul moyen de conserver la vigueur des individus et des races. Ils marchent! ils marchent! ils marchent! Ils marchent méthodiquement, scientifiquement, statistiquement. Ne croyez pas qu'ils regardent la nature en chemin, qu'ils s'attendrissent au cliquetis argentin des fontaines, au murmure des ruisseaux, aux pâleurs divines du ciel d'automne que traverse une poussière d'or, à la mélancolie des floraisons déclinantes agitant les dernières fumées de leurs vivants encensoirs, à la majesté des horizons où courent des chevauchées de nuées, au mystère profond des bois qui nous regardent avec des yeux d'ombres, au poème dont ceux qui nous coudoient en route emportent le secret... Oh! tout cela leur est bien égal! Munis, l'un et l'autre, d'un podomètre perfectionné, que, pour plus de sûreté, Capelmuche a installé dans une poche spéciale adhérente à son caleçon, de façon qu'aucune des intensités du mouvement de ses jambes n'échappe à cet appareil enregistreur, connaissant d'ailleurs la mesure exacte de leurs pas, ce qui les rendrait précieux dans un duel au pistolet, ils supputent chaque soir et inscrivent, sur le livre d'or de leurs faits et gestes, le nombre de kilomètres qu'ils ont parcourus dans la journée; ils arrivent à se persuader qu'ils ont dépassé, en dépense de mouvement, tous les héros de la bicyclette. Une rivalité aimable s'est installée entre eux. Ils jouent au nombre de kilomètres parcourus dans les vingt-quatre heures, comme d'autres aux dominos.

Leur existence n'est pas cependant exactement pareille. Capelmuche est célibataire, voire un célibataire endurci. Piédelubin, au contraire, est marié, et je vous prie de croire qu'il est cocu.

Que voulez-vous que fasse une pauvre femme dont le mari est toute la journée sur les grandes routes? D'ailleurs elle est jolie, Mme Piédelubin. Ni brune ni blonde, mais des cheveux châtains traversés par des coulées de cuivre; ni maigre ni grasse, mais de belles proportions et, comme il convient, bossuée; ni bonne ni méchante, mais généralement de belle humeur, ce qui achève d'en faire une très agréable maîtresse. Et puis, il y a des femmes qui sont méchantes avec leurs maris et bonnes avec leurs amants. Encore un bénéfice du mariage. Cette avenante créature n'avait aucun scrupule à tromper ce pur crétin. Elle le faisait, d'ailleurs, avec toute la discrétion qui caractérise une personne bien élevée, et notamment toutes les fois seulement qu'elle en trouvait l'occasion.

Pendant fort longtemps, non moins absorbé que son acolyte Piédelubin dans ses hygiéniques exercices, Capelmuche n'avait fait aucune attention à la femme de son ami. Mais un jour qu'il faisait trop mauvais temps pour sortir, machinalement il la remarqua et se dit qu'une bonne journée aux bras de cette péronnelle vaudrait bien quelques kilomètres de plus ajoutés à son compte de kilomètres. Ça l'amuserait d'autant plus de mystifier en cachette l'homme qui lui disputait le record des courses pédestres à travers la vie. Tout de suite il fit un brin de cour à la belle Mme Piédelubin qui y répondit avec sa bonne grâce accoutumée. On venait de changer la garnison de la petite ville et elle avait perdu ses habitudes. Un intérim bourgeois arrivait à point pour la faire patienter. Tout le temps du dîner qu'on prit en commun, elle causa du pied avec Capelmuche qui était très éloquent en ce langage, confondu seulement par les ignorants avec celui des fleurs. Tout fut convenu, sans mot dire, — car on ne doit pas parler la bouche pleine, — pour le lendemain. Très négligemment, le soir, Capelmuche dit à Piédelubin :

— J'ai un bout de lombago et ne quitterai pas la chambre demain.

Piédelubin fut enchanté. Il allait prendre une avance considérable sur son partenaire. Il se frotta sournoisement les mains, en répondant d'un air de compassion :

— Pauvre ami ! ne recommence pas surtout à marcher que ton lombago ne soit complètement guéri.

III

Pauvre ami ! Capelmuche, un pauvre ami ! Imbécile ! Dis donc l'ami le plus riche du monde ! Car il n'est trésor au monde, et fortune, et bien patrimonial que beaux nénés, pétard opulent, chevelure parfumée, caresses honnêtes, tout cela gratuitement, comme lorsque c'est la femme d'un ami qui vous le fournit. Pauvre ami ! Capelmuche ! Fichue bête ! Mais il passe les plus délicieuses journées du monde dans les draps de son féal compagnon et en la société de son épouse. Il biscota, rebiscota, rebibiscota les belles lèvres fleuries de baisers qui se tendaient à sa bouche. Il se sentit tour à tour plein d'ardeurs admirables et de délicieuses défaillances, alternatives exquises où se complaît une tendresse consciente du dernier mot qu'elle aura. Oh ! le beau jeu du temps de la jeunesse, mais dangereux plus tard ! Ah ! je te conseille de le plaindre, pure bourrique de Piédelubin !

Quand Piédelubin rentra, après avoir encaissé, au coffre-fort naturel de ses jarrets, quarante et un kilomètres dûment enregistrés sur son podomètre officiel, il s'en fut droit chez Capelmuche prendre des nouvelles de son lombago et le narguer un peu aussi, par la même occasion. On lui répondit que monsieur venait de se lever, comme c'était la consigne.

— Eh bien ! pauvre ami ? (Il y tenait, l'animal !)

Sur un ton de douleur comique, avec un accent légitimement héroïque, Capelmuche lui répondit :

— Ah ! j'ai bien souffert !

— Bon ! tu n'as pas fait un pas de la journée, malheureux Capelmuche ?

— Pas un seul. Ah ! je dois être bien en retard avec toi, maintenant !

— Voyons ! montre-moi un peu ton podomètre ?

Sans hésiter, Capelmuche fouilla dans ses chausses et tendit l'objet. Piédelubin regarda, pâlit, et, indigné, s'écria :

— Capelmuche, tu m'as menti !

L'instrument marquait cent soixante-deux kilomètres.

Voyez-vous ce que c'est que de garder son caleçon, même dans les circonstances les plus solemnelles de la vie !

LE « VESPUCE »

I

Je l'ai rencontré hier, dans une petite rue de Montrouge, cet infortuné docteur des Haudriettes dont je suis seul à connaître, dans ses moindres détails, la lamentable histoire : hâve, la barbe inculte, l'air d'un péteux, si différent enfin de ce qu'il fut jadis, que je vous pourrais faire son portrait actuel sans trahir son incognito auprès de ceux qui l'ont autrefois connu. *O crudelis amor !* Où l'amour nous peut-il conduire ? Car comme tous les martyrs qui ne sont pas ridicules, l'infortuné docteur des Haudriettes est une victime de l'amour. Longtemps la science et la fidélité conjugale l'avaient possédé tout entier. Il était renommé pour un mari modèle et ses beaux travaux sur l'*odontalgie héréditaire chez les hannetons* avaient failli lui ouvrir les portes de l'Académie des Sciences. L'intrigant professeur Chanterot l'avait emporté. C'est peut-être ce déboire immérité qui devait pousser des Haudriettes vers sa première et unique faute. Car Madame des Haudriettes qui avait la trentaine à peine, dans ce temps-là, — je vous parle de cinq ans, — et que j'ai revue aussi, est encore une très souhaitable personne dont un homme de goût se peut contenter, au point de se consoler de bien des choses. Le docteur n'eut pas cette sagesse. Il se lança dans la galanterie, et y connut la jolie Diane Pétrouminelle, une demi-mondaine à la mode, pas assez pourtant pour qu'un homme de fortune médiocre, comme était notre ami, n'en pût obtenir les faveurs. Encore une cause de haine de ce sacré professeur Chanterot dont Diane n'avait pas voulu parce qu'il portait une perruque. Toujours est-il que des Haudriettes, l'austère époux, devint une façon de godelureau sur le retour, faisant des farces comme un écolier, mentant chez lui à langue que veux-tu, pour avoir des occasions de passer son temps dehors. Il ne semblait pas que sa femme, d'ailleurs, se doutât de rien. Un savant de telle importance pouvait être naturellement absorbé par les commissions, les conférences, les banquets professionnels, les congrès et autres foutaises que les restaurateurs tiennent en grande estime, pour l'argent qu'elles leurs rapportent. Elle faillit cependant sauter en l'air quand, du ton le plus naturel du monde, son mari lui annonça qu'il allait faire un voyage au long cours de plusieurs mois, pour aller porter la bonne parole en Amérique et y étudier de près, de *visu*, les mœurs des hannetons du Brésil qui diffèrent absolument des nôtres. Certes, une aussi longue séparation lui était cruelle, à lui des Haudriettes, mais l'homme que le mal de la vérité a touché ne s'appartient plus. Un excellent navire dont il connaissait le capitaine, le *Vespuce*, allait prendre la mer au Havre. Il n'avait juste que le temps de faire ses malles. Madame des Haudriettes lui proposa de l'accompagner jusqu'à la frontière maritime. Mais le voyageur refusa obstinément de lui imposer cette fatigue. Le bougre avait ses raisons. Avec ostentation, monté en chemin de fer à la gare Saint-Lazare, il était descendu à Pontoise, et de là, le soir même, revenu à Paris où l'attendait, en son coquet appartement, la jolie Diane. Oh! toutes ses précautions étaient prises! Il avait remis à son ami Lantipet, qui réellement s'embarquait sur le *Vespuce*, une série de lettres à sa femme écrites à l'avance et qu'il devait déposer successivement aux stations indiquées. De plus il avait pourvu ce Lantipet des papiers nécessaires pour qu'il pût retirer des bureaux les lettres de madame des Haudriettes qu'il attendait en réponse aux siennes. Ainsi, toutes les apparences sauvées, s'était-il cyniquement installé dans son coupable bonheur. Il ne se montrait pas dans Paris, bien entendu. Mais on faisait de bonnes petites excursions sournoises dans les banlieues peu fréquentées, et c'était le paradis même de l'adultère qui avait accueilli ce transfuge du bonheur conjugal et des très chères études abandonnées. Car je vous prie de croire que, chez sa bonne amie, il passait son temps à autre chose qu'à inventer des ozanores pour les insectes, et c'était même sa seule excuse, si vous voulez mon sentiment jusqu'au bout.

II

Les choses avaient vraiment marché à souhait. Deux mois et demi s'étaient écoulés, en toute sérénité, depuis les adieux déchirants à la gare Saint-Lazare. Notre homme était plus amoureux que jamais. — Oh! ces tendresses qui fleurent un peu déjà la Saint-Martin. Bien que très aimable encore, la jolie Diane eût trahi, pour un observateur subtil, une légère impatience de voir finir cette longue école buissonnière vers le foyer conjugal qu'il faudrait bien regagner enfin. Quand le docteur parlait de renouveler le stock de lettres confiées à Lantipet, pour continuer son apparent voyage, elle l'engageait, avec infiniment de tendresse, à être plus raisonnable. Il la remerciait de sa sollicitude, mais il n'en était pas moins intérieurement navré. C'était si bon de tutoyer, sans contrainte, les charmes opulents de cette demoiselle sans bégueulerie ! Car elle était charmante et copieuse, cette personne de peu de vertu, mais d'infiniment de derrière, qui s'appelait Diane. Elle avait, par surcroît de cette opulence naturelle des formes, une belle harmonie corporelle de tous les membres qui en faisait un régal, aussi bien pour les gourmets que pour les gourmands, blanche et rose comme un Rubens — non restauré toutefois, — correcte comme une antique statue du modèle des Vénus Victrix. Dieu vous en baille souvent de pareilles, mes camarades, estimables barbons, mes frères, bons petits trousseurs de cottes facilement levées et enfonceurs de virginités ouvertes ! Et de beaux yeux franchement fripons, ce qui est la seule manière, une bouche dont le moindre sourire était un délicieux mensonge ! Vous comprenez maintenant la douleur que devait éprouver notre des Haudriettes de s'arracher à un tel trésor.

C'était deux jours avant le jour fatal qui l'en devait séparer, d'après sa dernière lettre à madame des Haudriettes, lettre qui annonçait son retour. Dans la joie des plaisirs présents, il oubliait les angoisses d'un avenir déjà proche. Parbleu ! nos deux gaillards étaient encore au lit, la belle Diane plus belle encore dans ses cheveux dénoués de femme qui a peu dormi. Ils goûtaient cette langueur savoureuse des matinées attardées, suivant une nuit de caresses, et les paresses divines que nous valent les baisers dans les tiédeurs parfumées des rideaux baissés encore et ne tamisant qu'une poussière de jour.

— Encore un baiser, mon amour ?
— Non, mon Clodomir ! Sois sage ! Tu veux donc me tuer, gros méchant ?

Le gros méchant, de mauvaise humeur, et plutôt pour faire semblant de bouder, prit sur la table de nuit un journal de la veille au soir qu'il s'était bien gardé de lire et y jeta machinalement les yeux. Mais, tout à coup, il sauta dans le lit comme un lapin qui reçoit une charge de plomb, en poussant un : « Ah ! mon Dieu ! » qui fit sauter instinctivement la belle Diane de la même terreur. Très pâle, il lui tendit le journal où elle lut à son tour, aux dernières nouvelles :

« Un terrible sinistre en mer à ajouter à la légende effroyable des naufrages. Un de nos meilleurs transports, le *Vespuce*, vient de disparaître dans l'Ocean, aux environs des îles anglaises qui bordent notre côte, pour en assurer la sécurité, à quelques milles à peine de notre terre française. Ce vaisseau, qui revenait d'Amérique avec une cargaison considérable, a été perdu corps et biens. Aucun passager n'a pu être sauvé... »

— Ah ! mon Dieu ! fit à son tour mademoiselle Pétrouminelle.

Vous croyez peut-être que notre des Haudriettes s'écria : « Pauvre Lantipet ! » Pas du tout. Après avoir été un moment atterré par le coup de massue, il prit gaiement la chose.

— Ma chérie, fit-il gracieusement à la jolie Diane, me voilà dispensé de rentrer chez moi et nous allons pouvoir continuer à vivre ensemble comme de vrais tourtereaux.

Mais la jolie demi-mondaine ne l'entendait pas ainsi. Dans deux jours, elle attendait un fort joli garçon en train d'achever son service militaire, tout à fait cossu, et à qui elle avait annoncé déjà le retour de sa liberté. Avec une

indépendance de cœur qui ne surprendra que
les jobards de profession, elle flanqua mon des
Haudriettes à la porte après lui avoir raflé ses
derniers sous.

III

Et la situation de celui-ci devint terrible. Impossible de rentrer chez lui. La nouvelle du naufrage du *Vespuce* avait soulevé un émoi tout naturel. On n'avait retrouvé qu'un cadavre sur un
récif, celui du malheureux Lantipet, très défi-
guré et, de plus, pourvu des papiers du docteur que celui-ci lui avait confiés pour sa mission
postale. Plus de doute possible. On ramena ces
restes anonymes, à force d'être méconnais-
sables, à Paris. Madame des Haudriettes pleura,
comme il convenait, sur le cercueil qui les en-
fermait. Des Haudriettes fut solennellement
enterré au cimetière Montparnasse, et ce jaloux
de professeur Chanterot ne perdit pas cette

occasion de lui dire un tas de choses désagréables sur sa tombe. Il le traita de rêveur et d'esprit plein de billevesées, en une oraison funèbre d'une cynique ironie. Et puis, ouf! tous les savants invités à ce régal littéraire se dispersèrent dans les cafés et y dirent du mal du défunt, en buvant le lent poison des apéritifs.

Deux mois après, madame des Haudriettes prenait un amant!

Et, depuis ce temps, notre des Haudriettes, lui-même, erre comme une ombre, seul, misérable, entre les deux bonheurs de sa femme et de sa maîtresse. Tout ça pour le naufrage du *Vespuce* qui a voulu usurper une fois encore la gloire des Christophe Colomb! Pauvre des Haudriettes! Mais aussi, pauvre Lantipet!

LA CLOCHE

I

Temps d'automne, temps de souvenirs ! Malaisément, dans le mélancolique décor des arbres nus ou n'ayant plus que des lambeaux d'or pâle à leurs branches, au bord des eaux qui roulent des feuilles mortes moutonnantes à la moindre ride comme de fauves toisons, sous la chanson moqueuse du vent qui siffle aux splendeurs défuntes, dans cette tristesse des déclins qui semble descendre jusque dans nos amours, évoquerait-on quelque espérance. En vain la beauté triomphante de quelque amoureuse rêvée promènet'elle, sous vos yeux, le spectre délicieux de caresses et de baisers inconnus. Comment dire à une femme qu'on l'aime quand on n'a plus de roses à lui offrir? Voilà où est vraiment la grande détresse d'automne, de l'automne de la vie plus encore que de l'automne de l'année? Voilà pourquoi cette tristesse infinie des choses vous étreint jusqu'au cœur.

Plus clairement les cloches tintent dans l'air chargé de floraisons et de feuillages, sous le ciel plus bas, dans l'air plus vif, et répandent, avec le vol triangulaire des oiseaux voyageurs, je ne sais quoi de mystérieux dans les campagnes dominicales. Et plus loin, plus loin, moi qui me souviens, j'entends d'ici celles de Moscou, sonnant les grandes funérailles, innombrables sous les dômes d'or du Kremlin, et faisant vibrer jusqu'aux icônes des cathédrales dans leur cadre de pierreries. C'est l'âme religieuse du peuple russe qui chante ou se lamente dans le bruit éperdu des cloches. Le métal pur qui fait l'esprit des races nouvelles s'y reconnaît. Elles tintent clair et jettent parfois des envolées de clairon. Elles se chevauchent musicalement comme des cavaliers d'Ukraine. Le bourdonnement douloureux qu'elles exhalent est, aujourd'hui, monté jusque dans ma mémoire.

Temps d'automne ! Temps d'amours désespérées et d'évocations lointaines ! Temps de souvenirs !

II

La cloche dont je vous veux conter l'histoire sonnait tout simplement le dîner.

Elle était pendue au sommet d'une tourelle vaguement en ruines, demeurée au flanc d'une maison de campagne, parfaitement bourgeoise d'ailleurs, où je passais mes vacances d'écolier, il y a quelques années déjà, et sise non loin des rives de la Seine, entre Ris-Orangis et Evry. Une promenade sur la ligne qui aboutit à Montargis m'a permis, il y a quelques jours, de constater qu'elle s'était considérablement embellie, depuis le temps où elle appartenait à mon cousin Lepommier qui avait ajouté à son nom, pour l'ennoblir : des Hespérides. La tourelle, en particulier, a disparu. Ce doit être un grand ennui pour les corneilles qui y tenaient leurs assises hivernales, quand les villégiatures étaient finies. Cette tourelle avait une façon de meurtrière au-dessus de laquelle justement se balançait la cloche dont la corde retombait, tout le long des pierres, en serpentant dans l'alourdissement des lierres. La meurtrière, assez large, presque une croisée, donnait elle-même intérieurement sur une pièce servant de débarras, meublée d'un véritable bric-à-brac dans lequel figurait, comme par hasard, un lit complet, et à laquelle on arrivait par un escalier en limaçon. C'était une partie très isolée de la maison, mais plus fréquentée cependant qu'on ne l'imaginait, comme vous le verrez tout à l'heure. Ah ! le joli nid, de vous à moi, pour des amours mystérieuses ! Les grands tilleuls du quinconce voisin venaient effleurer cette aérienne masure, odorante et pleine de chansons d'oiseaux. On s'y sentait plus près du ciel qu'en aucune autre partie de la demeure, et l'enchantement devait être complet des nuits pleines d'étoiles, dans ce rustique observatoire, derrière ce rempart de frondaisons parasites, où le vol velouté des phalènes faisait, de temps en temps, passer un froufrou.

Cet avis dont je suis trop tard, d'autres l'eurent avant moi. Mais que je vous dise d'abord la manie de mon cousin Lepommier, laquelle donnait à la cloche une importance démesurée et en faisait l'arbitre du temps, le chronomètre de tout le pays. Cet excellent homme, d'ailleurs, qui avait été un officier modèle, mais infiniment moins génial que Bonaparte, avait la furie de l'exactitude. Toute sa vie, dans ses moindres détails, était réglée sur sa montre. Une demi-minute de retard, en quoi que ce soit, le mettait dans d'épouvantables colères. Toute la maison en était prévenue et ma cousine elle-même, une fantaisiste pourtant, s'était soumise à cette loi imbécile avec une docilité dont je ne vous tairai pas un instant de plus le secret.

Rien n'est plus commode que le ridicule de l'époux pour la femme qui le trompe.

Comment les amants sont-ils surpris? Neuf fois sur dix, parce que le mari fait quelque chose qu'ils n'avaient pas prévu. Mais, dans la vie de mon cousin Lepommier, tout était prévu. Je savais que la trompette du jugement dernier elle-même ne l'eût pas empêché de se promener sur la grande route bordant la maison, quelque temps qu'il fît, sa montre à la main, une heure juste durant, avant que la cloche du dîner sonnât. Voilà une heure entière pendant laquelle ma vertueuse cousine était parfaitement sûre de n'être pas inquiétée. Et j'ai su depuis, quand beaucoup de choses que je ne connaissais pas encore me furent révélées, qu'elle en usait copieusement.

Cette fois-là, j'en fis la première expérience, et ma robe d'innocence en fut légèrement éclaboussée.

III

Donc, malgré la défense expresse qui m'en était faite, — à moins que ce ne fût à cause de cette défense même, — j'étais monté, ce jour-là, dans la tourelle, à la fin d'une après-midi chaude d'été qui mettait, dans l'air, des poussières d'or déjà rosées par le soleil couchant. Les grands tilleuls tout en fleur, et dont la frondaison opaque se veinait, aux cimes, de violet tendre, embaumaient le réduit où je m'étais réfugié pour quelque mystérieux besoin de rêverie. Je traduisais Virgile, en ce temps-là, et j'avais l'âme pleine des oaristis où les bergers se contaient leurs tendresses. Je me souviens vaguement que j'étais même un peu amoureux de ma cousine, qui était grande, très brune, de type latin, type auquel je suis resté, à travers les temps, obstinément fidèle, si bien que toute femme qui le porte en elle m'impose un émoi dont je ne suis plus maître. Niez donc, après cela, les fatalités de la race et de l'amour ! Nous demeurons, à travers les temps, les esclaves d'un idéal plastique dont nos pères ont subi la domination. Pour moi, cet idéal revivait, comme un signe auguste, dans ma cousine. Eh bien ! une jalousie légitime allait torturer ma première tendresse, et j'allais apprendre, du premier coup, quelle souffrance est au fond de la plus sublime joie permise à l'humanité.

Il pouvait être cinq heures et demie —.et l'on ne dînait qu'à six heures trente-cinq — quand un bruit bien inattendu troubla ma solitude où se mêlait l'image de ma cousine avec celle d'Amaryllis. On montait le petit escalier en limaçon. J'allais être découvert et puni. Je me blottis derrière un lutrin de bois vermoulu qui avait été relégué dans un petit capharnaüm provenant d'une chapelle jadis attenante à la maison et que mon cousin Lepommier, bon voltairien devant l'Éternel, avait fait consciencieusement démolir, aussitôt la propriété achetée. Sur un tas de bouquins crasseux, je m'assis derrière l'aigle et le bœuf, grossièrement sculptés en plein chêne, qui servaient jadis à soutenir les saints évangiles. Une odeur d'encens fade montait encore de ce détritus dévot.

Je n'en pouvais croire mes yeux, mais ma cousine entra la première, ravissante dans son déshabillé estival, sa belle chevelure brune s'envolutant de boucles inégales sur son front, très souriante et le sein délicieusement palpitant sous de transparentes mousselines, par la hâte de l'ascension. Mais elle n'était pas seule. Derrière elle, le capitaine Cornesac, de la garnison de Melun, arrivé la veille pour passer une semaine à la maison, entrait avec un petit air triomphant qui me donna envie de lui sauter à la figure. Ah! le déplaisant militaire! Et c'était pour quelque animal comme celui-là,

Nunc insanus amor, duri te Martis in armis...

que l'ingrate Lycoris avait fui le doux Gallus, si tendrement consolé par Virgile! Ma fureur ne fut pas calmée par l'attitude respective des deux nouveaux venus. Ils s'embrassaient avec des frénésies inconvenantes, en se poussant mutuellement jusqu'au lit, et longtemps avant que la scolastique contemporaine en eût fait la découverte, ils m'y donnèrent gratuitement une leçon de choses qui acheva de m'émouvoir déplorablement. Le capitaine me parut un excellent professeur et ma cousine, une élève pleine de docilité, ce qui est la condition de toute bonne pédagogie. Comment perdis-je l'équilibre sur mon fauteuil de bouquins pendant ces belles expériences?... Je n'en sais rien; mais je roulai à terre en entraînant le lutrin, et ce fut un grand vacarme, suivi d'un nuage de poussière dansant dans le soleil. Ma cousine éperdue, et se croyant sans doute découverte par son mari, disparut par le petit escalier. Le capitaine, apercevant, devant la meurtrière, la corde de la cloche pendue au-dessus, et croyant sans doute que c'était un miraculeux moyen de salut que lui envoyait la Providence, empoigna ladite corde et par la petite croisée, svelte qu'il était, se lança dans l'espace. Dir lin ding ding! Dir lin ding ding! Dir lin ding ding! La cloche secouée se mit à osciller furieusement jusqu'à ce qu'il fût à terre. Moi, par la porte, blanc de poudre comme un farinier, je me sauvai à mon tour.

Un instant après; apoplectique de fureur, mon cousin Lepommier rentrait, son chronomètre à la main. Ma cousine et le capitaine étaient stupides de terreur. Quel était le misérable qui avait sonné le dîner vingt minutes trop tôt? Telle fut la seule question que leur posa le justicier. Alors ils se rassurèrent et affirmèrent avoir vu un chat qui jouait, en bas, avec le bout de la corde et avait, sans doute, causé le malheur. Mon cousin jura d'exterminer tous les chats du pays. Mais le pis est que tout le village voisin, ayant l'habitude de régler ses montres sur la sonnerie du dîner de mon cousin, la notion de l'heure fut perturbée, dans cette région, pendant plus d'un mois où personne ne fit plus rien en temps opportun.

LE CONTE DE L'ARCHE

I

C'est la dernière rose, en mon jardin d'automne,
Qu'elle avait mise à son corsage, et puis, après,
Qu'elle laissa glisser entre ses doigts distraits
Jusqu'à ma main tendue à peine et qui s'étonne.

C'est le dernier amour que, dans mon cœur pareil
A mon jardin d'automne aux roses trépassées,
A fleuri, parmi l'or des ronces enlacées,
La pitié de ses yeux ou celle du soleil !

Et je me morfondais en mélancolie, non pas véhémente, mais très douce et comme baignée de la lumière des déclins ; déclin de l'an qui sème au vent les derniers pétales de ses roses tremblantes et découronnées; déclin du jour qui, lui aussi, semblait effeuiller des fleurs dans le ciel avec les petites nuées de carmin qui couraient à l'occident; déclin des amours qui ne sont faites que pour le midi de la vie et qui, comme les vignes, saignent, au temps des vendanges, le meilleur de leur sang. Nous en sommes, mes compères d'un demi-siècle, à la cuvée des souvenirs, et force nous est de nous en contenter plutôt que de promener encore la serpe inutile parmi nos ceps dévastés. Et cependant, ce serait bon d'aimer encore, de retrouver un coin de jeunesse, au profond de son âme, pour quelque tendresse nouvelle dont les baisers se confondraient, dans le bonjour et dans l'adieu rapide, comme la douceur d'un rêve. La beauté des femmes nous fait mal, en cette saison morose où tout est ironie, jusqu'à la tiédeur menteuse du soleil. Il nous monte au cœur une blessure de tout ce qui nous fut le charme suprême de la vie et ne nous est plus qu'un regret. Que pourrions-nous attendre de ces belles qui passent? Un peu de pitié! Qu'est cela pour qui a connu l'amour? L'aumône est d'autant plus rude que le pauvre a été plus riche autrefois. Il se faut résigner à cette misère et y porter du moins la fierté de ne pas mendier.

Oui, pour ceux qui ne se veulent plus permettre d'aimer et d'espérer, la beauté de la femme est pleine de supplices, dans ce décor d'automne où passent encore quelques parfums de printemps, où quelques arbres, renaissants dans leur frondaison fragile, donnent, à qui ne les regarde pas bien, l'illusion de l'espérance. Et ces fleurs qui ne sont plus celles de l'été, sont tristes comme le chrysanthème ou menteuses comme les lilas blancs qui frappent aux vitres des serres, comme de pauvres petits morts las d'être ensevelis ! Il nous en faut contenter cependant pour les dernières offrandes à celles dont le sourire nous met, sous la mamelle, comme une pointe d'épée.

> Fleurs sans parfums, fleurs d'hiver, tristes fleurs,
> Fleurs sans rosée et dans la serre écloses,
> Lilas menteurs et mensongères roses.
> Vous n'avez pas ses divines pâleurs !
>
> Lilas sans sève et roses sans couleurs,
> De sa beauté vivante fleurs indignes,
> A ses pieds blancs, comme le vol des cygnes.
> Allez pourtant, fleurs d'hiver, tristes fleurs !

Beaux encensoirs, mais vides de cinname,
Corps sans esprit, fleurs d'hiver, tristes fleurs,
Fleurs sans parfums, apportez-lui mon âme,
Fleurs sans rosée, apportez-lui mes pleurs !...

— Té ! me dit, en entrant dans ma chambre, comme une bombe, mais une bombe innocente, mon ami Capelmuche, on n'a pas l'air de rigoler ici !

Et un gros rire lui pétait aux joues, un rire sans raison, bon enfant, absurde, irritant, mais d'une irrésistible sympathie, si bien, qu'après avoir eu, un instant, l'idée de le jeter par la fenêtre, j'eus presque envie de l'embrasser pour le remercier d'être si heureux.

— Pour te mettre en belle humeur, continua-t-il, je te vais bailler le conte de l'arche que je viens de trouver dans un vieux grimoire. Mais tu vas commencer par rentrer tes fleurs dans leur reliquaire et t'en venir m'écouter à la croisée. Car il effaroucherait tes souvenirs et ferait se sauver de leurs cadres, les images aux yeux de pastels si doux de tes bien-aimées. Il est b...igrement gaulois, le conte de l'arche ; je le devrais peut-être mettre en vieux français, pour ce qu'il ressemble beaucoup aux quelques admirables fables en prose de notre seigneur Rabelais et que l'invention n'en serait pas indigne de celui qui les écrivit.

Il est donc entendu que le vent emporte, avec la fumée de nos cigarettes, le récit un peu futile, en effet, de mon ami Capelmuche, et pas du tout écrit pour les pucelles qu'on laisse entrer à Orléans. Car vous savez que les fausses sont retenues aux Aubrays et dirigées vers quelque autre point de notre gracieux territoire.

II

C'est Capelmuche qui parle, croyez-le bien. Aussi bien, il a beaucoup plus d'accent que moi. Vous ne sauriez vous y tromper un seul instant.

— Rappelle-toi d'abord qu'en l'admirable apologie du baudet et du roussin, au deuxième livre de Pantagruel, notre commun maître Alcofribas félicite l'âne de ses belles proportions génésiques dont il tire d'ailleurs le meilleur parti pour les bourriques de bonne volonté, quand toutefois l'homme ne l'a pas méchamment et envieusement privé de ce glorieux avantage. Mais au temps de mon conte, c'est-à-dire huit jours avant le déluge, l'homme n'en était pas arrivé à ce degré de barbare et égoïste civilisation, et ne se fût pas permis d'empêcher préventivement les bêtes de s'aimer, comme c'est pour elles, ainsi que pour nous, la divine loi de nature. D'autant que Dieu s'était complu, en son éternelle sagesse, à mettre cette partie de leurs avantages en belle harmonie et en mesure congrue avec le reste de leurs personnes, si bien que c'était toujours un ornement approprié, par la logique des dimensions, à celui qui le portait, ce qui a bien changé ; car, pour peu que tu aies contemplé l'éléphant au Jardin des Plantes ou à celui d'Acclimatation, non, il n'est pas convenablement pourvu, à ce point de vue, étant donné le volume considérable de sa personne, si bien que les ignorants chercheraient sa trompe ailleurs qu'où l'habitude, peut-être autant que la nature, l'a placée. En vérité, ce petit chapitre de physiologie animale est le plus malaisé du monde à écrire. Mais il n'en est pas moins certain que si l'éléphant est de nature volontiers rêveuse et mélancolique, c'est que, comme conservateur de son espèce et dépositaire du secret de sa race, il a été matériellement moins bien traité que la plupart des autres animaux. Aussi laisse-t-il flotter sa peau à ses jambes, en façon de culotte, de manière à faire croire qu'il y a quelque chose de plus là-dessous. Ce sont menues remarques qu'ont faites tous les gens — et j'en suis — qui, par dégoût de l'humanité, fréquentent les ménageries.

Or, c'est la cause longtemps inconnue de cette inégalité entre les conditions aphrodisiaques des bêtes que j'ai justement trouvée dans le grimoire que je rends absolument responsable de l'inconvenance de ce récit, inconvenance qui me rend moi-même rouge comme une pivoine, ce qui te donne du moins une illusion du printemps.

Donc Dieu venait de révéler à l'excellent Noé, sur qui des fils irrespectueux avaient fait d'ailleurs des observations du même goût que celle-ci, son intention de noyer l'insupportable majorité qui encombrait déjà les Chambres de ce temps, et tout de suite Noé, qui n'avait pas envie que ses petits-enfants fussent privés de charcuterie et de gibier dans la suite des siècles, voire des puces qui tiennent les amoureuses éveillées la nuit pour les délices des amoureux, avait fait annoncer par le tambour de Chanaan, un grognard dont la barbe blanche pendait jusqu'aux genoux, qu'il allait ouvrir une table d'hôte, dans un bachot gigantesque, pour toutes les bêtes qui voudraient échapper au fléau. Seuls les poissons ne se rendirent pas à cet appel et témoignèrent même une joie indécente, devant la douleur publique, de voir s'agrandir leur domaine naturel. Pour les en punir, Noé inventa lui-même, et ce jour même, la ligne montée sur racine et le scion à moulinet, qui amènent les plus rouspétants au sein des fritures.

Tous les quadrupèdes donc, bipèdes et mammifères, répondirent à la convocation du patriarche et s'allongèrent, en formidable théorie, au seuil du tourniquet qui donnait accès dans l'arche et où chaque animal devait présenter son ticket. Dans cette cohue, comme toujours aux queues des théâtres, il y eut des bêtes malapprises qui se conduisirent indécemment et voulurent prendre des privautés sur leurs voisines, — tels les goujats qui pincent les mollets des dames en faisant semblant de ramasser leur correspondance dans les omnibus. Noé fut averti par les serre-file qu'il avait soigneusement espacés le long du cortège, et décida qu'à son entrée dans l'arche chaque bête déposerait au vestiaire son... comment dire? enfin la source naturelle de toutes les mauvaises plaisanteries... mettons sa bonbonnière à enfants, pour qu'aucun doute douloureux ne reste dans l'esprit du chaste lecteur. Ce fut d'abord une clameur épouvantable de gens qui aimaient mieux s'en aller. Mais Noé qui était décidément, ce jour-là, en veine de grandes découvertes, inventa immédiatement les numéros qu'on remet encore aujourd'hui aux personnes qui déposent, qui son parapluie, qui son chapeau, et qui permettent de recouvrer sûrement son bien à la sortie. Et ce service fut fait avec un ordre admirable et cette sage mesure fit, pour tous les déposants, de ce séjour dans l'arche, une façon de carême amoureux très profitable à leur santé. Car vous savez que rien n'est pernicieux, ni agréable, comme l'abus des plaisirs sexuels. Ce fut donc un grand temps d'innocence que celui-là. Noé avait donné lui-même l'exemple et reçu, pour son compte, le numéro cent, ce qui inspira aux singes, toujours malotrus, un tas de plaisanteries du plus mauvais goût.

Enfin la colombe s'en vint voleter autour du ponton sauveur, une petite branche au bec, ce qui voulait dire clairement que Dieu n'était plus en colère. Par le tambour de Chanaan dont la barbe avait encore grandi, si bien qu'il l'avait dû tresser autour de ses jambes, en caleçon, il fit proclamer à ses pensionnaires qu'ils pouvaient reprendre, au vestiaire, leurs dépôts et leurs occupations dans la nature ambiante et déjà séchée. L'âne qui, très malin, avait trouvé moyen de gagner, comme pour rire, au bésigue chinois, son numéro à l'éléphant, se hâta démesurément à la sortie et chipa à celui-ci son... pardessus, lui laissant le sien à la place. Toujours solennel et un peu prétentieux, l'éléphant se présenta le dernier, de son lourd pas mesuré. Il eut beau se mettre dans une colère de pachyderme, comme on allait fermer les bureaux, il lui fallut bien se contenter du peu qui restait. Il se plaignit à Dieu qui, pour se fiche de lui, augmenta la longueur de sa trompe.

Et, depuis le temps, les choses sont ainsi, au grand agrément de notre seigneur le baudet et au grand dommage de son ancien partenaire. La morale de ce conte est d'ailleurs qu'il faut toujours se hâter de réclamer ce qui vous est dû.

— Prends donc cela ! m'écriai-je en me levant et en envoyant à mon ami Capelmuche un grand coup de pied au derrière.

Car il n'est pas vraiment permis d'interrompre la rêverie amoureuse d'un honnête homme pour le troubler par de pareilles billevesées. Chameau, va !

Je vous demande pardon pour mon ami Capelmuche, n'est-ce pas ?

UNE RUPTURE

« ... Le grand mot est lâché, mon ami, je ne vous aime plus et j'en aime un autre. Venez me dire adieu quand vous voudrez et restons amis. Soyez convaincu que je n'hésiterais pas, comme par le passé, à faire appel à votre délicatesse de gentilhomme à l'occasion.

» Celle qui fut votre fidèle amie,

» Estelle de Saint-Elzéar. »

En achevant cette missive, M. le comte de Serinville fit sur sa chaise un saut de trois pieds et laissa choir ses cartes sur la table où le major macédonien Trombescu était en train de lui voler quelques louis avec infiniment d'adresse. Appelant un valet de pied, il lui parla à l'oreille et se prépara au départ, s'excusant sur une affaire urgente. Le valet, rapidement revenu, lui remit un paquet mystérieux, et M. le comte sauta dans une voiture du cercle. Tout en se rendant chez madame de Saint-Elzéar, il modifia quelque peu le facies dont l'avait doué la nature. Une fausse barbe blonde, délicieusement frisée, était dans le paquet. Il en revêtit la nudité azurée de son menton, et la transformation était telle que, dans ce cadre d'or, son visage n'était plus reconnaissable, même à ses familiers. Aussi avait-il coutume de faire régulièrement ce bout de toilette quand il se rendait chez sa maîtresse, laquelle demeurait dans la même maison qu'une amie de sa femme. Cette addition équivalait à un déguisement impénétrable. Tel Jupiter se métamorphosait pour aller courir la prétentaine chez les mortelles. Ce rapprochement était d'ailleurs le seul possible entre le tout-puissant régent de l'Olympe et le ramolli dont nous parlons. Quand le véhicule atteignit le terme de sa course, M. de Serinville était en état de braver les plus fins limiers de la police conjugale.

— Que vous ai-je fait, Estelle, pour me briser le cœur?

— Vous ne m'avez rien fait, mon ami, mais j'ai un nouvel amour dans l'âme et je ne veux pas mentir à celui que j'ai choisi.

— Il est donc bien riche?

— Voilà un vilain mot, monsieur! C'est un jeune premier du théâtre des Batignolles à qui je me suis juré de faire une carrière.

— Dans la marine?

— Non; sur la scène.

M. le comte fit un discours tout à fait éloquent pour prouver à l'infidèle que sa conduite et ses projets étaient d'une bêtise démesurée. Mais il échoua contre le besoin d'honnêteté qui s'était emparé de madame de Saint-Elzéar. Chez certaines femmes, c'est comme un désir violent de manger des crevettes. C'est quand il leur remonte, dans la cervelle, quelques tirades de la Dame aux Camélias. Elles en sont, tout un jour, empuanties de sentiments superbes et de désintéressement. Elles fleurent, à cent pas, la seconde innocence qui, le Diable boiteux m'emporte! ne m'a jamais tenté. Le pis est que M. de Serinville, très sérieusement épris de cette magnifique brute, plaidait sa cause perdue à l'avance avec une conviction presque comique.

Que demandait-il, après tout? A être trompé, et on lui refusait cette légère faveur! La consolation d'être ridicule ne lui était même pas accordée! On ne voulait pas rire à ses dépens!

Et le pauvre homme pleurait de vraies larmes aux pieds de l'insensible créature qui lui cachait à peine l'ennui profond de l'écouter.

Que celui-là se moque de lui qui n'a jamais imploré une femme dont l'abandon eût dû lui sembler un bienfait! On ne discute pas avec les douleurs physiques de l'amour. Certaines chairs ont des attirances dont on ne s'arrache qu'en se déchirant soi-même. J'ai vu le talent, j'ai vu la beauté virile, j'ai vu la jeunesse triomphante sangloter devant des guenons et parler de mourir pour des drôlesses, parce qu'ils étaient mordus là et se sentaient rivés, comme si le mépris aiguisait encore les flèches du désir. Nul ne peut défier, sûr de soi-même, ces victoires de la matière, ces anéantissements du libre arbitre, ces abjurations de l'idéal sur des autels profanés. C'est un spectacle à la fois misérable et digne d'une respectueuse pitié. Car ce martyre fut souvent celui de grandes âmes. Ce n'était pas d'ailleurs le cas. M. de Serinville était un homme du monde irréprochable, inutile et borné, trompant sa femme avec infiniment de politesse. Quant à madame de Saint-Elzéar, c'était une superbe fille dont l'insolence n'avait rien que de légitime. Parisienne de Paris, ou, ce qui vaut mieux, de Montmartre, avec un profil irrégulier, mais une face aux sensualités charmantes, des yeux moqueurs, les lèvres un peu charnues, une fossette au menton ; arborant ce visage dominateur sur un corps aux souplesses natives, aux reliefs rebondissants : une beauté de décadence, mais d'une décadence joyeuse et éhontée, avec cette fausse aristocratie des formes qui résulte d'un allongement dans certaines proportions, conçu, non pas selon l'idéal de Praxitèle, mais selon celui du Primatice. Au résumé, la plus humble de ses faveurs valait mieux que toute la personne de son amant, et celui-ci avait raison de se désoler. Ennuyée de ses lamentations, Estelle finit par le mettre à la porte qu'il franchit un mouchoir mouillé sur les yeux et avec des hoquets de désespoir.

Un peu de raison, sinon de résignation, lui revint seulement quand la voiture qui l'emportait se fut éloignée du fatal logis. Ne se sentant plus même le courage d'aller se faire tricher, il avait donné l'ordre au cocher de le ramener chez lui. Sa femme n'était-elle pas là qui serait agréablement surprise de le voir rentrer quelques heures avant le moment accoutumé? Mᵐᵉ la comtesse, après tout, n'était pas pour être plus longtemps délaissée. D'admirables cheveux d'un blond cendré, tandis qu'Estelle portait une moumouth; de jolis yeux d'un bleu clair pailleté d'or comme une larme d'eau-de-vie de Dantzig; une distinction suprême dans la ligne du front que continuait presque sans angles celle du nez; de vraies mains de grande dame et une taille d'une incomparable noblesse. Pourquoi lui avait-il préféré Mᵐᵉ de Saint-Elzéar? Un caprice malsain qui était devenu une habitude, presque une passion. Il avait eu de la chance, au moins, que la comtesse ne se fût aperçue de rien et ne lui eût pas rendu la pareille ou redemandé scandaleusement sa liberté! Les hommes sont-ils assez fous et assez bêtes de chercher dans le fumier ce qui leur est tendu sur un plat d'or! Ah! il en était bien revenu des fausses bonnes filles! Car il est convenu que, sous prétexte qu'elles sont bonnes au fond, ces demoiselles ont le droit de nous martyriser par leur manque de tact et d'éducation, par la grossièreté de leur fantaisie et la naïveté de leur égoïsme! Et, pendant que le fiacre roulait, M. de Serinville prenait de vertueuses résolutions, entassait les repentirs honnêtes, collectionnait les matrimoniales revanches.

— Cher ange! murmurait-il en pensant à sa femme, au moment où il fut déposé devant sa porte.

Il monte vite au petit salon où elle avait coutume de se tenir durant la soirée. O bonheur! Elle était brodant, la douce Pénélope, et lui tournant le dos. Mais, au bruit de ses pas, elle leva les yeux vers la glace de la cheminée, et lui dit, sans lui faire face, mais d'une voix charmante :

— Mon ami, hâtez-vous donc un peu! Ce n'est pas trop de deux heures de bonheur avant le retour de mon imbécile de mari.

M. de Serinville eut un éblouissement. Lui aussi était arrivé devant la glace et ne se reconnaissait pas lui-même. Dans le désordre de ses pensées, il avait oublié, en quittant la maison de Mme de Saint-Elzéar, de retirer sa fausse barbe. Il avait toujours souhaité que sa femme le prît pour un autre, et il y avait réussi.

CONTE ORIENTAL

Voici trop longtemps, morbleu ! qu'on fait honneur à l'Allemagne de l'invention de son Faust. Car elle est ancienne comme le monde, la fable du vieillard, repu de science, ayant fait le tour de la vie et demandant à l'Amour une suprême résurrection. Dans la Bible elle-même, David ne nous est-il pas montré ouvrant toute large sa couche froide aux plus belles vierges du pays, pour puiser dans leurs bras un reste de chaleur et montrer, en même temps, à Dieu combien il se repentait des adultères félicités ? Singulière façon, n'est-ce pas, de couronner les rosières ! Encore David n'était-il qu'un antique joueur de harpe, peu instruit d'ailleurs, comme on en peut juger par les hérésies naturalistes dont fourmillent ses psaumes. Tels qu'ils sont, je les préfère pourtant aux sages poèmes de plus d'un académicien. Bien autrement expert de toutes choses était l'astronome Nagour dont je vous veux conter l'aventure et qui vivait en Perse, il y a quelques siècles seulement. Outre qu'il connaissait comme pas un, dans ses mystérieuses profondeurs, la constitution de notre planète, les mondes célestes n'avaient pas de secrets pour lui. On lui doit, entre autres découvertes, d'avoir défini la vraie nature de l'anneau de Saturne et des prétendues montagnes de la Lune. Le premier est tout simplement le bord d'un chapeau que cet astre chauve porte constamment pour éviter les rhumes, et les autres sont les plis du caleçon de gaze que notre satellite garde par pudeur et aussi parce qu'il fait très froid dans les plaines aérées du firmament. Chimiste, physicien, géologue, membre de toutes les sociétés existantes, décoré de tous les mérites, Nagour était néanmoins devenu mélancolique. Du promontoire de ses quatre-vingts ans de travail et de vertu, il contemplait tristement la mer des passions humaines dont il n'avait jamais affronté ni les caresses ni les colères. Des barques affolées y couraient emportant les amoureux vers les extases de l'azur et vers l'ombre des abîmes. Il se prenait à envier également à ces fous la joie triomphante des traversées et l'horreur tragique des naufrages, tant lui pesait la stérile sagesse de ses cheveux blancs!

Pourquoi Nagour s'était-il constamment détourné de la femme, même au temps où les viriles ardeurs de la jeunesse la font plus nécessaire que l'air et le soleil? Par un fâcheux effet de cette science précoce qui ne lui permettait pas l'illusion. Stupidement préoccupé de l'être moral enfermé dans la splendeur des formes, il avait repoussé les baisers parce qu'il s'était aperçu qu'ils mentent souvent, comme s'ils en étaient moins doux pour cela! Moi qu suis surtout reconnaissant à la femme de savoir si bien nous cacher l'intime néant de ses tendresses! Ah! si nous ne pouvions être heureux que quand nous sommes vraiment aimés, la triste existence que serait la nôtre! Mais leur bienfaisante perfidie, à ces enchanteresses, nous fait le chemin doux comme un rêve, et, la mort atteignant aussi bien ceux qui dorment que ceux qui veillent, qu'importe, une fois dans la tombe, d'avoir vécu ou rêvé ! Mais Nagour n'était pas de mon avis. Il ne se pouvait faire à l'idée d'être trompé. Vanité de savant ! C'est bien, parbleu, parce que vous aurez découvert des corps simples, inventé les plus fins nihilomètres et dérangé les étoiles les mieux ensevelies dans la nocturne paix du ciel qu'une femme se gênera pour vous faire cocu ! Tout au contraire. Tout en s'indignant contre cette perversité féminine, il la pressentait et la redoutait assez pour s'abstenir. Et pourtant, je l'ai dit, il succombait sous le poids de son inutile chasteté, s'apercevant un peu tard que la muette contemplation des astres ne suffit pas à combler le vide insatiable de nos désirs. Pratique autant qu'exigeant, il résolut donc de chercher une femme lui offrant des garanties de fidélité vraiment extraordinaires et, comme il avait beaucoup de bon sens au fond, il élimina du cercle de ses investigations les jeunes filles. Car, pour si purs que soient leurs regards et si pudique leur maintien, nul ne saurait dire ce qu'elles deviendront, ayant appris ce qu'elles peuvent faire d'elles-mêmes. Et l'éducation non plus n'en a jamais garanti aucune de ces belles pétarades de cavales échappées qui désarçonnent les maris imprudents, en les envoyant butter, cornes en avant, dans l'hilarité publique. Fort sagement imbu de ce principe que l'expérience est encore ce qui nous renseigne le mieux, Nagour borna le champ de ses travaux à l'étude des veuves, bien décidé à choisir celle qui avait le moins maltraité son défunt, et tout prêt à en induire qu'il en serait lui-même épargné.

Mais comment savoir la vérité absolue sur ce fait? On ne saurait s'en rapporter, pour une chose de cette gravité, aux caprices de la Renommée, qui flétrit souvent des crimes imaginaires aussi bien qu'elle consacre de menteuses vertus. L'estime publique désigne à merveille les plus hypocrites, mais non pas les meilleurs au fond. Nagour se décida donc à chercher un moyen, pour ainsi dire mathématique, de doser la fidélité conjugale passée chez les sujets dont il interrogeait en même temps l'avenir. Ceci l'amena tout simplement à la plus merveilleuse de toutes ses découvertes. En regardant avec soin les yeux de la femme, il s'aperçut qu'ils étaient une image parfaite du ciel, ce que les amoureux avaient, d'ailleurs, deviné bien avant lui. Ces étincelles sans nombre dont les prunelles sont remplies, très apparentes dans les yeux bleus, moins aisément visibles dans la transparence moins parfaite des yeux bruns, sont tout simplement de petites étoiles groupées en constellations et évoluant dans un infini minuscule. Il imagina immédiatement un instrument d'optique assez puissant pour en étudier, non seulement le mouvement rythmique, mais aussi la forme. Il se tailla, pour cela, dans un magnifique diamant, un monocle dont les facultés convergentes tenaient absolument du prodige. Alors lui fut révélé, par une série d'observations judicieuses et répétées, ce fait vraiment typique et remarquable, qu'à chaque fois qu'une femme trompait son mari, un de ces petits astres s'écornait et, de sensiblement circulaire qu'il était auparavant, affectait la forme très nette d'un croissant, pour la garder toujours, si bien qu'en comptant le nombre de ces quarts de lune, on savait exactement le nombre des coups de canif plantés dans le contrat. — Rassurez-vous, mesdames et belles lectrices, cet égoïste de Nagour garda sa découverte pour lui ; je suis seul à la connaître, et encore ne m'est-elle utile à rien parce que son monocle fut, sur sa volonté expresse, enterré avec lui et que je n'ai point la fortune qu'il faut pour m'en tailler un semblable dans un diamant pareil, outre que je n'ai jamais été qu'un très médiocre opticien. — Contrairement au reste de ses travaux qu'il avait popularisés à coups de grosse caisse, ce résultat surprenant qui, seul, aurait suffi à sa gloire, fut donc dissimulé, par lui, avec un soin jaloux. Les dames se seraient défiées du monocle, et alors !... Allez vous faire fiche ! Autant de peine perdue ! C'est ainsi que, même chez un savant, le souci de l'amour peut éteindre la soif de renommée.

Djellah avait la plus appétissante tournure du monde ; elle dansait à ravir en s'accompagnant sur une viole dont elle égratignait les cordes avec le bout d'une plume, et sa croupe abondante avait des ondulations de vague balançant la nef enchantée des Rêves. Tout était volupté dans sa personne, tout, jusqu'aux frisons de sa chevelure que semblait toujours soulever l'aile invisible des parfums, jusqu'au luisant rosé de ses ongles effilés comme ceux des jeunes panthères, jusqu'à l'éclat de ses dents qu'on eût dit plantées au cœur d'une grenade. Nagour la trouvait prodigieusement à son goût. Il était notoire, d'ailleurs, que son mari était mort d'épuisement, et Nagour, qui préférait, avec raison, ce genre de mort au supplice du pal, en concluait qu'elle était peut-être la fiancée de son désir. Car, en vrai sage, il tenait infiniment moins à longtemps vivre qu'à bien vivre, et une femme qui met son époux dans la tombe, par de si délicieux moyens, n'a, sans doute pas le temps de s'occuper d'y loger aussi des étrangers. Il avait oublié le *nec pluribus impar* que Louis XIV a volé au blason féminin. A peine eut-il dirigé, en tremblant, son monocle vers la prunelle de Djellah, qu'il y crut voir l'étalage d'un marchand de faucilles. Tant de croissants qu'il renonça du premier coup à les compter, préférant de beaucoup s'abîmer dans une méditation profonde sur la fragilité insatiable de nos compagnes naturelles.

Tabara possédait de moins provocantes façons. Son époux avait trépassé riche de jours, étant pas mal plus âgé qu'elle. Elle l'avait pleuré d'une très édifiante manière et lui avait fait élever un tombeau du meilleur goût dont elle s'était réservé, pour elle-même, la moitié. Ce détail fut désagréable à Nagour. Eh bien, et lui? Il y avait bien encore place, dans le monument, pour un strapontin, mais il lui convenait mal d'entrer en lapin dans cet immobile coupé. Ce culte du défunt, lequel avait passé pourtant pour fort déplaisant, l'enchantait d'ailleurs à tous les autres points de vue. D'autant que Tabara n'était pas dénuée de charmes personnels. Une indolence naturelle pleine de grâce et je ne sais quoi de tranquille dans toute sa personne qui reposait. En voilà une qui ne devait guère songer aux amoureux! Blanche comme un lis avec cela, la gorge fort décemment meublée et onctueusement rebondie. Tout respirait la vertu dans cet être paisible si fidèle au souvenir. C'est donc sans grande émotion inquiète que Nagour braqua dans les yeux clairs de Tabara son monocle révélateur. Il faillit tout simplement tomber à la renverse sur un cactus placé là fort mal à propos. Des croissants à l'infini! un vermicelle de croissants.

À fort peu près désespéré, il avait quitté la

ville et son observatoire pour s'enfoncer dans les campagnes voisines, quand une jeune femme lui apparut au bord d'une fontaine, portant encore le demi-deuil des veuves, lequel est, là-bas comme ici, le plus seyant du monde. Lui-même ne sut pourquoi il lui parlait, mais, bientôt, charmé par la simplicité de son langage, aussi bien que par certains détails savoureux de sa structure, la curiosité lui vint de la soumettre à l'épreuve du monocle. Ciel! deux croissants seulement! Cette femme, élue entre toutes, n'avait trompé son mari que deux fois! Étant donné que la perfection n'est pas de ce monde, Nagour pensa avec raison qu'autant dire : elle ne l'avait pas trompé du tout. Ainsi la merveille inutilement cherchée dans la corruption des cités, il la trouvait, du premier coup, dans les tranquillités innocentes de la nature! Son parti fut immédiatement pris. Après lui avoir demandé son nom, il la conduisit au temple, les choses du mariage ne traînant pas là-bas en longueur comme ici, et, le soir même, légitimement uni à celle qu'il avait si spontanément aimée, il lui soupirait l'idylle si longtemps contenue de ses tendresses.

— Kara, ma Kara chérie, lui disait-il, combien ton premier époux dut être heureux de posséder une femme si fidèle !

— Hélas ! répondit Kara, comment aurais-je pu le tromper beaucoup ? Le pauvre homme est mort le surlendemain de notre mariage.

PROPOS DE CARÊME

C'était au temps, s'il vous plaît, où les dévotes pratiques de la foi étaient si bien dans les usages de tous que ceux-là même qui ne prétendaient nullement à la perfection chrétienne y étaient fidèles tout naturellement. Je dirai plus : d'aucuns qui avaient plus à se faire pardonner que les autres, au jour de la suprême confession, y attachaient une importance compensatrice et en faisaient une façon d'indemnité au Seigneur mécontent. Adultères et voleurs n'avaient garde d'y manquer. Le jeûne est, en somme, d'observation plus facile que le respect de la femme d'autrui ; et il est plus aisé de se soumettre aux quatre temps qu'aux subtilités du Code. Je ne sais pas si la morale gagnait beaucoup à ce système de pénitence ; mais il ne m'est pas prouvé qu'elle y perdît davantage. Le nombre des cocus et des filous ne me paraît pas avoir sensiblement diminué depuis la proclamation des droits de la libre-pensée. Ce que nous avons certainement gagné, c'est un scepticisme plus grand en ce qui touche à la logique des destinées ultérieures. Aussi sceptique que quiconque sur ce point, je ne parviens pas toujours à partager l'indignation des purs contre les tardigrades qui font encore maigre aujourd'hui. Les audacieux qui mangent solennellement du boudin le vendredi-saint ne m'ont jamais paru tenir la tête du mouvement philosophique contemporain. S'ils ne croient pas mettre Jehovah en colère, je me demande en quoi consiste leur courage. S'ils entendent que cette débauche de charcuterie leur pourrait bien valoir d'être foudroyés, comme Don Juan, ils sont infiniment moins avancés que moi. Jamais mon cerveau ne se prêterait à l'idée de cette revanche de saint Antoine vengeant son compagnon. Ceci est pour faire remarquer que les libres penseurs à outrance ne sont jamais, au fond, que des catholiques retournés, plus prêts à l'intolérance que Torquemada lui-même. La sagesse est ailleurs et le doute est un excellent oreiller, comme l'a dit un de nos plus grands penseurs et le plus libre qui ait été.

Puisque c'était au temps que j'ai dit, il y a, si vous le voulez, deux bons siècles ou trois de cela, ne vous étonnez pas que le carême fût scrupuleusement observé au castel de Bezensac, en Gascogne, bien que la vertu n'y eût pas précisément élu domicile. Je n'entends pas parler ainsi du sire de Bezensac lui-même, lequel étant quelque peu septuagénaire, goutteux et cacochyme, vivait sur le souvenir de ses fautes passées, ayant perdu le glorieux et essentiel pouvoir d'en faire de nouvelles. Le pauvre homme, en vérité ! car je ne sais rien de plus lamentable au monde que de n'avoir plus de passion à vaincre, ne fût-ce que pour goûter la douceur honteuse d'en être vaincu. Le gentilhomme avait, comme on dit au pays, l'aiguillette nouée. Mais non pas sa femme, laquelle n'avait pas encore trente ans et était une splendide personne à qui l'amour n'avait encore payé que quelques deniers de sa rançon. Or, cette noble dame Bertrade n'entendait pas lui faire crédit du reste et, comme son époux était devenu un détestable garçon de banque, elle avait chargé de ses recouvrements le joli comte Ingobert, un de leurs voisins, lequel s'acquittait en conscience de sa tâche : et c'était plaisir, en vérité, de voir le zèle de ce paladin à poursuivre les rentrées. Il s'y occupait constamment, pendant que le fâcheux sire de Bezensac gémissait dans son fauteuil comme une bourrique en mal d'ânon. Pour les exercices de comptabilité en partie double, nos deux amants avaient choisi la solitude d'une chambre occupant le faîte d'une des tourelles du château, et la plus éloignée de l'appartement du vieux seigneur. Car, outre qu'il eût été déplaisant d'être troublé par ses jérémiades, il eût été certainement indélicat d'y répondre par des soupirs de bonheur. Donc, tous les jours ou à peu près, le comte Ingobert et dame Bertrade montaient sournoisement en ce réduit pour préparer leur inventaire de fin d'année, et, contrairement à l'usage actuel du gouvernement, solder leur budget de baisers par un excédent.

En temps de carême, c'était tous les jours absolument, et même quelquefois davantage. Le poisson des fossés et des étangs composait alors le plus clair de la nourriture du château. Or, les plus ignorants d'entre vous savent, à merveille, les qualités excitantes en amour de ce comestible aquatique, qualités dues à sa richesse en azote et en phosphore. S'il faut en croire les historiens, qui n'en savent rien d'ailleurs, les ichtyophages étaient prolifiques à la manière des lapins. Il est permis d'en induire qu'ils étaient peu généreux avec les femmes. Donc, c'était grande ripaille voluptueuse parmi les gens du castel de Bézensac durant cette période de pénitence, hors pour le pauvre châtelain qui n'en éprouvait que des démangeaisons, le poisson ayant également des propriétés éruptives incontestées. Il se grattait avec autant d'ardeur que les autres se becquetaient, mais n'en était pas au même point réjoui. Voilà un chapitre essentiel oublié au livre immoral de la recherche des causes de l'inégalité parmi les hommes. Tout le monde, hormis ce sybarite, se soumettait donc de grand cœur à la loi de l'Église. Ainsi chez le comte Ingobert qui, pour sa part, faisait acte de dévotion extraordinaire en absorbant à lui seul un brochet, trois carpillons, cent goujons et huit douzaines d'écrevisses à chaque repas. Et ce n'était pas bien perdu.

Donc le mercredi qui suivait celui des Cendres, cette année-là, le vaillant Ingobert, phosphorescent comme une allumette — elles brûlaient encore en ce temps-là — et sa maîtresse apuraient un compte dans leur ordinaire retraite et y prenaient un plaisir considérable. Car un bon lit est le grand-livre le plus commode que je sache pour ce genre d'opérations.

Remarquons que l'on n'était pas encore à l'époque de l'année où quelquefois le parfum d'un lilas, voire d'une églantine sauvage tapissant le mur pénètre par une fenêtre entre-bâillée et, sur l'aile capricieuse d'un zéphyr, vient caresser, au visage deux amants entrelacés, comme une fumée d'encens qui monte vers le tabernacle immortel du baiser. Le souffle qui effleura soudainement ceux-ci ne fleurait d'ailleurs ni le lilas naissant, ni l'églantine entr'ouverte. Par un mouvement réciproque ils s'éloignèrent un instant l'un de l'autre, dénouant leurs bras alanguis et frisant le nez comme font les chats à qui on met le museau dans leurs propres oublis. Mais ce fut simplement comme un léger nuage au ciel de leurs tendresses, car elles reprirent de plus belle, et ils nageaient positivement en plein azur quand une récidive de ce vent singulier les arracha de nouveau à leur extase. Cette fois-là, après s'être écartés davantage encore l'un de l'autre, ils échangèrent des regards de méfiance et toussèrent volontairement, chacun d'eux voulant faire comprendre à son voisin qu'il n'était pas sa dupe. Cependant, cet orage muet s'étant dissipé, ils en étaient revenus à se sourire miséricordieusement, et la fête allait recommencer, comme dans les féeries du Châtelet, quand ce je ne sais quoi odorant, qui n'a de nom dans aucune langue (j'entends de nom poli), pour parler comme Bossuet, envahit tellement l'air autour d'eux que, sans le vouloir, cette fois, ils éternuèrent ensemble, et, d'un saut commun, bondirent du lit où sévissait le fléau.

Quand ils osèrent se regarder, après un long silence, Bertrade pleurait :

— Ah ! dit-elle à son ami, il faut que vous ne m'aimiez plus pour prendre de si inconvenantes libertés en ma présence.

— Vous avez un bon toupet, ma chère (et je dis : tou par politesse), riposta le comte Ingobert, de me prêter des sentiments qui sont à vous.

— En fait de sentiments, reprit la dame offensée, je me contente de ceux que vous venez de me donner si libéralement. Sachez seulement que tout est fini entre nous.

— A votre aise, madame, conclut le comte. Aussi bien c'est sans doute mon congé que vous aviez l'intention de me bailler par cette porte-là. Il n'était pas besoin de le prendre avec moi sur ce ton.

A ce moment, un éclat de rire étouffé sortit de dessous le lit.

— Qui va là ! s'écria le comte épouvanté.

— Oh ! mon Dieu ! murmura dame Bertrade, prête à s'évanouir.

En même temps apparut, presque au ras de terre et se dégageant d'épaules couvertes de haillons une tête effarée dont la chute des couvertures avait encore embroussaillé la chevelure hirsute.

— Ne me faites pas de mal, monseigneur !

supplia le nouveau venu, mais je n'ai pu me retenir.

— Ne faites pas de bruit, mon ami, répondit le comte Ingobert inquiet. Mais sortez et dites-moi comment vous êtes ici.

Un chenapan bien dépenaillé, mais de débonnaire figure, fut bientôt devant lui :

— Je suis un pauvre voleur, Monseigneur, poursuivit-il d'un air embarrassé. M'étant introduit dans le château, j'avais choisi cette chambre que je croyais abandonnée en attendant la nuit. Votre arrivée m'a forcé à me réfugier où vous m'avez surpris et je n'aurais pas mieux demandé que d'y rester tranquille jusqu'à votre départ. Mais, hélas ! nous sommes dans le saint temps de carême où, nous autres pauvres diables, durant que vous dînez de poissons savoureux, vous autres gentilshommes, n'avons pour nous nourrir que les lentilles babillardes et les haricots bavards, voire les pois secs qui gonflent le ventre et l'emplissent de digestives fumées. Horriblement serré où j'étais, j'ai vainement lutté contre ce débordement de mon individu. Tout au plus ai-je pu empêcher les fugitifs de chanter leur fanfare de délivrance. Vous savez le reste.

— Pauvreté n'est pas vice, mon ami, répliqua dame Bertrade, et il faut que chacun fasse son salut ici-bas. Jurez de ne jamais rien dire de ce que vous avez vu et je vous comblerai de présents qui vous permettront de mener une plus honnête vie.

Le voleur jura. Bertrade donna et le comte Ingobert recommença le calcul qu'il n'avait pu mener à bien. Ainsi tout finit le mieux du monde.

L'ÉCHO DU BONHEUR

Et, comme il me regardait d'un air fort satisfait de soi-même, en humant voluptueusement son ample vermouth :

— Mon ami Roubichou, lui dis-je, votre conte est tout simplement un des plus cochonnets que j'aie jamais ouïs, même à Toulouse, et en me disant que vous me l'offriez pour en égayer mes lecteurs ordinaires, vous êtes tout simplement accouché d'une impertinence. N'avez-vous donc pas remarqué, je vous prie, que nous sommes devenus gens sérieux et préoccupés de grave langage? Moi-même, qui ne suis pas cependant un docteur, c'est tout au plus si j'ose, de temps en temps, glisser une gauloiserie entre une histoire héroïque de mon maître Banville, quelque récit ensoleillé de mon ami Paul Arène et une page de lourde prose de notre sage Nestor, voire même quelque nouvelle audacieusement philosophique de Maufrigneuse. *Heù! Frustrà pius!* Ah ! voilà le cas qu'on fait de ma conversion et le retentissement qu'elle a eu dans le monde où l'on s'abuse... sur la nécessité du sérieux dans la vie ! Ah ! j'aurai fourré mon doux Rabelais dans ma poche et c'est le gré que vous m'avez de ce sacrifice ! Je la conterai, votre histoire, Roubichou, je la conterai, ne fût-ce que pour prouver au monde — *urbi et orbi* — comme on dit, que, quand cela me plaît, je suis tout aussi mal élevé que vous !

La voilà donc, l'histoire de Placide Roubichou, — mais je le laisse parler lui-même.

— Le premier jour où je la rencontrai, m'avait-il dit, je m'aperçus bien vite que je l'aimerais toute ma vie. En elle, en effet, se résument toutes les beautés qui me charment particulièrement. Elle est brune, elle a le regard triomphant, la bouche un peu charnue, un menton à la grecque, une gorge marmoréenne, des hanches énormes et un mari qui joue au jaquet fort convenablement : un beau parti pour un célibataire. Il ne me fallut pas grand temps non plus pour comprendre que je plaisais aussi. Sans être beau, je suis bien vu des femmes qui savent estimer ceux qui les aiment. Comme aucune renommée fâcheuse de bégueulerie ne planait autour de son nom, je me dis que mon bonheur était chose assurée et je me frottai les mains à engendrer des ampoules, occupation absolument inutile à une époque où l'on ne sacre plus les rois de France. Quand je me déclarai, elle eut le bon sens de ne pas faire l'étonnée. Non ! c'est qu'il y a des femmes qui ont toujours l'air de ne pas bien savoir ce qu'on leur demande. Ces façons-là me font enrager. « Sacredié, madame, ai-je toujours envie de m'écrier, mais vous le savez peut-être mieux que moi ! » Mais elle n'était pas de celles-là. Je vis qu'elle était fixée sur mes intentions ; car elle me répondit avec infiniment de politesse et une pointe de mélancolie : — Je suis extrêmement flattée, monsieur Roubichou, mais je ne puis être à vous ! — Qué sa co ! répliquai-je ? — Parce que vous me mépriseriez après. — Allons donc ! vous ne me connaissez pas, marquise. Je suis très indulgent pour les femmes et ne méprise absolument que celles qui ne veulent pas de moi ! — Je vous dis que vous ririez de moi ensuite ! — Vous méconnaissez, madame, le sérieux de mon caractère, et le bonheur, en particulier, me rend grave comme un baudet étrillé par un évêque. Je ne suis ni un jeune coq ni un moine fornicant gratis pour échapper au vieil adage qui nous prescrit une tenue convenable après les ivresses passagères de l'amour. — Et moi, je vous dis que vous vous moqueriez de moi !

Et elle avait des larmes dans le larynx, — ce qui est un fort mauvais endroit, — en prononçant ces paroles.

Inutile de vous dire, continua Roubichou, que j'eus raison, avec le temps, de sa folle résistance. Je devins de plus en plus pressant, bien qu'elle me répétât toujours la même chose, ce qui devenait rasant. Une crasse de son mari qui lui avait refusé une ombrelle, et un petit air de turlututu qu'un jeune pâtre exhalait sur la montagne voisine, dans la solitude étoilée d'une belle nuit d'été, firent le reste. Je fus heureux...

ou plutôt je ne le fus qu'à demi. Car, à ma grande surprise et malgré les témoignages positifs de ma conscience, j'eus lieu de douter que mon bonheur eût été partagé, ce qui est toujours une fâcheuse découverte pour un homme aussi délicat que bien intentionné. Je lui en fis douloureusement la remarque et son silence fut plus éloquent que tous les mensonges imaginés en pareil cas par les femmes vulgaires. Eh quoi! ce corps merveilleux était rebelle au pouvoir sacré des caresses! Tout était imposture dans ce regard attirant et dans cette bouche appelant le baiser! Comme Pygmalion, je me trouvais devant un marbre insensible! C'est pour une nouvelle Galatée que je brûlais d'un égoïste et solitaire amour! Hélas! il n'était plus temps de reprendre un cœur que j'avais donné dans un élan de générosité irréfléchie! J'étais le prisonnier de mon rêve, l'esclave inutilement révolté de mon désir. Je me résignai deux soirs encore à ce monologue sous couleur de duo; je me résignai. Mais vrai! j'avais la mort dans l'âme.

Et Roubichou avait redemandé un second vermouth pour dompter l'émotion de ce souvenir.

— Le troisième rendez-vous, poursuivit-il, devait changer l'état des choses. Il y avait de l'orage dans le ciel et beaucoup d'électricité dans l'atmosphère. Il me sembla, dès le premier coup d'œil, qu'une langueur particulière noyait les charmes abondants de mon amie et qu'elle était plus belle encore. Mais j'étais un désespéré, bien que son avare de mari lui eût fait, ce jour-là, et fort heureusement, une seconde crasse plus révoltante encore que la première, en lui refusant un petit chien qui devait lui faire penser à moi pendant l'absence. Je constatai donc plus d'abandon et, malgré l'embarras modeste que j'éprouve à le dire, je compris bien vite que je ne serais plus seul dans la vie. En effet, Galatée s'était évanouie dans mes bras et c'était une Chloé que j'y pressais, une Chloé toute au feu sacré qui me brûlait moi-même. O transports indicibles ! ô fureur où se doublait la volupté de nos étreintes !... Tout à coup, un petit bruit sec.. Et cependant le tonnerre ne grondait pas encore :

— Marquise, m'écriai-je, c'est moi ! c'est moi ! je vous jure que c'est moi !

Mais elle, posant sa main sur ma bouche et

avec une expression douloureuse qui me perça le cœur :

— Non ! non ! fit-elle. Vous êtes un vrai gentilhomme, Placide, mais ce n'est pas vous. Rappelez-vous, maintenant, ce que je vous avais dit et pardonnez-moi la longue réserve qui m'était plus pénible encore qu'à vous. J'avais peur !... peur de moi-même. Car je me connais et je sais à quel point je me livre, à quel point je m'oublie en oubliant la terre. C'est plus fort que moi.

Et maintenant, vous connaissez mon terrible secret... De grâce, épargnez-moi votre mépris et vos sourires moqueurs...

— Ange des cieux, m'écriai-je, créature éthérée, zéphyréenne vertu, mais je t'aime cent fois plus encore. Me crois-tu donc plus insensible à la musique que les pierres qui obéissaient aux quintes diminuées d'Amphion et que les ours qui se pâmaient au moindre bécarre d'Orphée ! Seulement, aujourd'hui, je te connais tout entière. Fleur divine, après avoir enivré ma vue, tu m'as versé ton parfum ! O Lyre, dont j'admirais les cordes d'or, tu as enfin vibré pour moi ! Dieu soit loué. Les bienheureux qui ont maintenant le *la* vont reprendre leur céleste chant !

Et j'étais sincère en lui parlant ainsi. Elle le comprit. Car un regard de reconnaissance passa, immense, sous ses paupières, et me prenant les mains, avec une indicible émotion :

— Inutile de vous dire, ajouta-t-elle avec une tendresse infinie, que mon mari ne s'en est jamais aperçu !

Depuis ce temps, acheva Roubichou, notre bonheur n'a plus été complet que quand cet écho le proclamait aux invisibles esprits de l'air qui rôdent volontiers autour des amoureux, parce que ce sont de purs esprits extrêmement curieux et dépravés. Par cette puissance de l'habitude qui explique et justifie les plus bizarres caprices de la passion, cet accompagnement est devenu nécessaire à l'union complète de nos âmes. C'est au point que l'autre jour, notre ivresse ayant été muette, je fondis, comme un serin, en larmes, et je m'écriai :

— Ah ! marquise, vous ne m'aimez plus !

Elle me rassura et me prouva, un peu après, le contraire, par un paiement complet de son arriéré musical. J'étais fou de joie !

— Ce que c'est que de nous ! avait conclu Roubichou avec philosophie.

— Eh bien, maître Roubichou, la voilà contée, votre histoire ! Mais, sapristi, vous ne m'y repincerez plus, Gascon mâtiné de Tourangeau que vous êtes !

Ci-joint mes saluts et mes excuses à la Société.

FAIT-DIVERS ARABE

Le cadi Zutapapa était justement renommé parmi les magistrats du désert. Il vendait la justice, comme tous ses confrères, mais la vendait à juste poids. Il n'y avait pas d'exemple que le plaideur qui l'avait le mieux payé eût été le plus maltraité par lui, comme cela se voit malheureusement quelquefois avec des juges que des considérations de politique et d'amitié distraient de la dignité de leur négoce. Ses prix étaient marqués en chiffres connus et tout se passait chez lui sans surprises, sans basses intrigues et le plus loyalement du monde. Le condamné, en recevant ses coups de matraque sur les talons, n'avait qu'à compter pour savoir ce que son acquittement lui aurait coûté de plus que ce qu'il avait donné. On aurait appris l'arithmétique aux petits enfants rien qu'avec de tels exemples. Aussi l'estime dont jouissait le cadi Zutapapa était-elle générale et la justifiait-il, d'ailleurs, par une droiture dans les procédés dont ce récit n'est qu'une preuve nouvelle. Quand le jeune Mohamet-Soulafé-Sélim, un des plus opulents marchands de dattes de la localité, vint en effet lui demander la main de sa fille Fatma, le bon cadi Zutapapa ne tenta pas de lui faire prendre l'objet, chat en poche, comme il serait malséant de dire en pareil cas. Loin de là, il lui fit mesurer d'un coup d'œil rapide l'imprudence qu'il allait commettre :

— Mohamet-Soulafé-Sélim, lui dit-il, ton père était homme de bien, quoique marchand de dattes comme toi. Ma fille est belle, mais tu seras cocu.

— Qu'en savez-vous ? lui répondit Sélim.

— Tout ce que peut savoir un bon père du tempérament de son enfant bien aimée. Je ne voudrais pas t'humilier, mon garçon, mais tu me fais l'effet d'un pèlerin qui partirait pour la Mecque avec quatre gouttes d'eau dans sa gourde seulement. Le voyage que tu vas entreprendre exige infiniment plus de provisions que ce qu'un seul homme en peut porter. Tu seras obligé, avant peu, de t'adjoindre une caravane. Après ça, si tu aimes la société en ménage, je n'ai pas à contrôler tes goûts.

— Pardon ! pardon ! monsieur le cadi, je ne l'aime point. Mais je suis peut-être mieux pourvu que vous le pensez, et, de plus, je saurai faire bonne garde autour de mon honneur.

— Ma Fatma chérie, dois-je te dire encore, ne sera pas seulement insatiable au déduit. Elle est d'ores et déjà fort intéressée et amoureuse de bijoux, ce qui te fait espérer qu'au cas où elle ne te tromperait pas par besoin, elle le ferait certainement pour placer de l'argent et s'acheter des parures.

— J'y aurai l'œil, morbleu ! Je sais le prix des moindres choses et je vérifierai les dépenses de la maison.

— Plus qu'un mot pour t'encourager, mon cher Sélim. Tu sais nos coutumes et que tu aurais beau posséder mille preuves morales de l'infidélité de ta femme, et toutes les certitudes psychologiques du monde, tu ne peux la poursuivre devant la loi, pour t'en séparer, qu'à la condition d'avoir fait constater par le cadi, c'est-à-dire moi et deux témoins patentés, qu'un autre homme que toi est dans ton lit. Or, ma fille est très fine et ne te donnera pas facilement cette dernière consolation. Moi-même, je t'en préviens, je ne mettrai aucun empressement à venir publiquement déshonorer ma race, outre que cette adorable créature me retomberait sur les bras, si tu la quittais jamais. L'acte que tu vas faire, aussi bien que ses conséquences, sera donc vraisemblablement irrévocable.

— Je l'entends bien ainsi, mon cher Zutapapa. Croyez bien que je ne me marie pas pour me remettre à courir le guilledou, comme les pauvres célibataires.

— Prends-la donc, mon fils. C'est un trésor que je te donne. Car, à ces menus inconvénients près, auxquels nous ajouterons un caractère acariâtre, c'est une personne à peu près parfaite. Une taille ! des hanches ! une gorge !... Il n'est pas de bon goût de vanter sa propre marchandise ; mais, au point de vue plastique, c'est ce que j'ai fait de mieux, et mes plus beaux arrêts eux-mêmes ne valent pas qu'on les cite à côté.

— Aussi n'ai-je pas l'intention de vous demander à coucher avec eux. C'est chose faite, alors, monsieur le cadi?

— Certainement ; d'autant que je suis heureux d'avoir pour gendre un garçon qui paraît avoir la plus grande confiance dans ma sagesse.

Elle était fort belle, en effet, cette Fatma. Mon ami, l'excellent peintre lillois, Louis Shoutteten, en possède un portrait par Henri Regnault, une merveille. Une chair où les divines chaleurs du sang couraient en coulées d'ambre, une chevelure noire avec des reflets de lapis, des yeux sombres et toujours voluptueusement bistrés, une bouche ardente sans cesse entr'ouverte, comme une grenade, sur d'étincelantes blancheurs, un corps onduleux comme la vague, tout ce qui attire en un mot, tout ce qui charme les sens, tout ce qui rouvre, sans trêve, l'aile lassée du désir. Mohamet-Soulafé-Sélim n'avait pas été un fat en donnant, par avance, à son beau-père, une opinion avantageuse de ses moyens personnels. Mais son beau-père, non plus, n'avait pas été un imbécile en lui annonçant leur insuffisance prochaine. Quand on fait ce qu'on peut on fait ce qu'on doit ; mais ce sage proverbe n'a jamais empêché personne d'être cocu. Sélim le fut avec une rapidité imméritée. Comme il veillait de près au grain, il ne put bientôt plus douter que son ami et voisin Belbeth-Ali eût entrepris, à son côté, le pèlerinage matrimonial qu'il entendait faire seul à travers les oasis de madame son épouse. Il en eut un dépit si considérable qu'il résolut de dissimuler jusqu'à ce qu'il les pût surprendre dans les conditions prescrites par la loi, pour précipiter celle-ci dans la honte irrémédiable et faire publiquement appliquer à celui-là une mortelle volée. Il fit donc celui qui ne voit rien et qui est tout à son commerce de dattes. Mais l'impeccable Fatma n'en prenait pas moins toutes les précautions qui assurent l'impunité à l'aldultère. Et l'eût-il prise sur le fait, comment décider cet animal de cadi Zutapapa à arriver à temps ?

Pendant qu'il méditait douloureusement sur les difficultés de la situation, Belbeth-Ali et Fatma s'en donnaient, à cœur joie, des amoureux délassements qui sont encore ce qu'il y a de mieux dans la vie, qu'on les trouve dans les légitimes ardeurs de l'hyménée ou dans les coupables tendresses de la trahison.

A peine le malheureux Mohamet-Soulafé-Sélim avait-il tourné le dos qu'ils s'insinuaient directement dans la soupente qui sert de lit aux personnes même les plus aisées de cette contrée africaine et y chantaient des offices auxquels les marabouts n'avaient rien à voir. Oncques ne vit-on gens plus affairés à leur religion que ceux-là. Allah, qui ne hait pas ce genre de prières, ne pouvait que les contempler d'un œil bienveillant du haut de la céleste mosquée dont la lune dessine le croissant dans l'ombre et dont les intérieures illuminations nous apparaissent, comme par des fenêtres, dans le scintillement des étoiles.

Par une chaude après-midi que ces amants éhontés étaient tout aux tièdes délices des caresses, Sélim qui faisait le guet, après une fausse sortie qui avait permis à Belbeth-Ali d'entrer, pénétra brusquement dans la chambre, mais pas assez rapidement pour que son rival n'eût eu le temps de se glisser dans le plafond de la soupente qu'il voyait bien se bomber, comme prêt à fléchir sous le poids de son corps, qu'il entendait même craquer, mais sans pouvoir contempler cependant celui qu'il voulait confondre. Même difficulté qu'à l'ordinaire. Pendant qu'il irait chercher le cadi et ses deux témoins patentés, Belbeth s'échapperait par une fenêtre et il en serait pour une ample moisson de ridicule personnel. Alors un trait de génie vint au malheureux mari :

— Que venez-vous faire à cette heure, imbécile ? lui avait dit la douce Fatma.

Il ne répondit à ce vilain propos que par un sourd gémissement et se mit à se défaire de ses vêtements, en geignant comme une femme en couches et comme si le moindre mouvement lui causait d'insupportables douleurs.

— N'allez-vous pas vous mettre au lit en plein midi ? lui demanda-t-elle encore avec un redoublement de mauvaise humeur.

Muet en paroles comme par le passé, Sélim continua de se déshabiller en se lamentant, puis il se dirigea vers le lit avec des petits cris à chaque pas, s'y laissa tomber comme une masse, et commença de s'y tortiller comme un ver en se frottant le ventre de ses deux mains.

— Finirez-vous bientôt cette comédie? hurla madame Sélim qui voyait la retraite de Belbeth coupée par cet incident.

Alors, d'une voix éteinte :

— Ma chère femme, soupira Sélim, je sens bien que je suis perdu et que je vais mourir. Un mal aussi subit qu'inconnu m'emporte. Hélas ! je n'ai pas fait mon testament et ne le puis faire utilement que devant ton père et deux témoins. Cours-les vite chercher que je ne m'en aille pas de ce monde sans t'avoir assuré tout mon bien.

— Il n'a rien vu ! pensa joyeusement Fatma. Et comme elle était aussi avare, pour le moins, que naturellement infidèle :

— Pauvre chéri ! fit-elle. Ce m'est une grande douleur de te quitter, même pour un instant, te laissant dans un pareil état ; mais je dois cependant sacrifier même le plaisir de fermer tes yeux au respect de ta dernière volonté. Je cours chez papa. Sachant pourquoi tu le mandes, il sera là dans dix minutes. Tâche de tenir jusque-là. Ne lâche pas inconsciemment ton dernier soupir. Mets plutôt ton mouchoir sur ta bouche. Ferme soigneusement tout le reste. Au revoir, mon mignon ! Pas adieu surtout ! Au revoir !

— Coquine ! pensa Sélim pendant qu'elle refermait la porte. Et, levant les yeux, il s'aperçut que le plancher sur lequel pesait Belbeth commençait à céder et que le plus charnu de la personne de ce larron d'honneur dessinait une étoile de chair parmi le craquement rayonnant du bois.

— Arrivez ! arrivez vite, mon père ! mon mari se meurt et n'a pas fait son testament ! Ainsi gémissait, par le chemin, la douce Fatma, comme une gazelle blessée, suivie par le cadi Zutapapa, dont une course immodérée secouait intempestivement le petit bedon rondelet, et par deux marchands de pantoufles essoufflés comme des phoques.

— Dieu soit loué ! Il respire encore ! s'écria-t-elle en entrant.

— Qu'avez-vous, mon fils ? demanda affectueusement Zutapapa en s'approchant du lit du moribond, son encrier à la main.

Sélim se tortillait toujours :

— Non ! non ! jamais de ma vie ! disait-il avec des sanglots.

— Voyons ! voyons ! d'où souffrez-vous ? Du ventre apparemment ?

— Non ! non ! jamais de ma vie !... continuait plus douloureusement encore Sélim.

— Voulez-vous que je remplisse votre chibouck d'eau tiède et vous en envoye un peu, en soufflant, dans les entrailles ?

Mais Sélim, toujours se roulant, répétait :

— Non ! non !... jamais de ma vie ?...

— Jamais de votre vie ? quoi ? mon pauvre enfant ? interrogea enfin le cadi, au comble de l'inquiétude de voir le temps passer.

— Eh bien, jamais de ma vie, reprit Sélim d'une voix assurée, de sa voix naturelle, et en se dressant sur son séant, je n'ai vu un aussi gros derrière d'homme que celui-là.

Et il montrait du doigt le séant du malheureux Belbeth-Ali, lequel séant ayant fini par traverser le plafond de la soupente, rayonnait comme une lune pleine dans l'effondrement de la cloison.

Fatma poussa un cri de colère ! Le cadi Zutapapa fit une grimace de possédé. Les deux marchands de pantoufles éclatèrent de rire.

— Instrumentez, beau-papa, poursuivit Sélim

triomphalement. Nous avons sous la main tout ce que la loi exige : les coupables, le magistrat et les deux témoins. Instrumentez et emmenez, s'il vous plaît, votre aimable fille, pendant que ce godelureau sera conduit, sous bonne escorte, à la prison par ces deux hommes de bien. Va ! va ! mon brave Belbeth ! Je t'irai voir donner du bâton sur les reins. Il y a place, morbleu ! Je t'apprendrai à me les montrer tout nus !

Et, fou de délivrance. Mohamet-Soulafé-Sélim dansait par la chambre comme un enfant, durant que l'intègre Zutapapa accomplissait de point en point son devoir. Belbeth-Ali, il est vrai, ne fut pas bâtonné parce qu'il y mit le prix. Mais Sélim fut débarrassé de sa femme. Zutapapa est resté d'ailleurs son ami et il lui arrive fréquemment, quand ils jouent ensemble aux osselets, de lui dire fort gaiement :

— Je te l'avais bien dit que tu serais cocu !

PLEINE LUNE

— Je vous dis que c'est du phosphore. Le phosphore seul est lumineux la nuit. Sacrédié, je sais cela, je suppose, puisque j'ai eu un oncle pharmacien. C'est même charmant, ce liquide qui ne s'éclaire que dans l'ombre. Un camarade se marie : vous vous glissez dans la chambre nuptiale et, avec cette encre d'un nouveau genre, vous écrivez sur la porte intérieurement et de façon qu'il le puisse lire de son lit : « Tu seras cocu ! » Et ça se réalise toujours.

— On vous avait donc fait cette plaisanterie, mon ami ? demanda respectueusement la commandante.

— A moi comme aux autres, ma grosse chatte. Mais je ne m'en suis pas occupé, parce qu'il faut des exceptions aux règles, en apparence, les plus générales.

Pendant cet entretien d'une nature purement scientifique, notre vieil ami l'amiral Lekelpudubec haussait les épaules par petites saccades, comme un homme que le mépris déborde tellement qu'il craindrait d'en être inondé et noyé en le manifestant sans mesure. C'est que, depuis sa mise à la retraite, le loup de mer que nous avons connu se livre avec passion aux études chimiques. Son appartement tout entier s'est transformé en un laboratoire où toutes les puanteurs de l'analyse se donnent rendez-vous. Par un retour naturel sur son propre mérite, il n'est pas de corps qu'il ne se rappelle avoir personnellement découvert avant l'intrigant qui l'a divulgué. Tous les casseurs de cornues du monde entier se sont entendus pour lui chiper les résultats de ses travaux trop longtemps secrets. Cette disposition d'esprit un peu maladive l'a rendu plus vif encore de langage et vous ne serez pas surpris en l'entendant interrompre, comme il suit, la dissertation du malheureux Laripète, son martyr ordinaire :

— Mais odieuse bourrique, ton ignorance ferait péter le plus solide asinomètre ! Alors, tu crois sincèrement et tu tentes présomptueusement de faire croire aux autres que cette matière blanche dont on enduit aujourd'hui les briquets et les cadrans de montre pour les rendre lumineux dans l'obscurité, est du phosphore ! Bélitre ! Pilier de caserne ! Singe mal dégénéré !

— Et qu'est-ce donc, je te prie ?

— Je vais te le dire tout à l'heure. Je vais te le dire pour t'instruire toi-même et te rendre moins pernicieux à l'éducation de tes contemporains, bien que cette découverte qui est mienne, comme beaucoup d'autres, se rattache à un des souvenirs les plus douloureux de ma vie. J'entends à un souvenir d'amour.

— Ça doit être rigolo, dit la commandante.

— Merci, madame, répondit Lekelpudubec en essuyant une grosse larme tombée dans ses favoris.

Et il commença.

— Je naviguais alors dans les mers de l'Amérique du Sud, dit-il, et je visitais fréquemment une peuplade de nègres dont les mœurs douces et la beauté plastique m'intéressaient au plus haut point. Hospitaliers envers les étrangers, à peine anthropophages, ces bonnes gens adoraient la Lune et étaient convaincus, en vertu des prédictions de leurs prophètes, qu'elle descendrait un jour, — ou plutôt une nuit, — sur la terre, sous une forme humaine, comme le Christ de notre légende biblique. Or les temps approchaient où ce miracle rédempteur devait avoir lieu, et les prêtres en profitaient pour décharger leurs ouailles d'un tas de richesses terrestres dont la vue de la céleste voyageuse serait certainement offusquée. Ils ne connaissent ni l'or ni l'argent, dans le pays, ni les diamants, ni les opales, mais de magnifiques coquillages dont l'intérieur nacré s'emplissait, le soir, de phosphorescences azurées tout à fait caractéristiques. Mon chirurgien du bord qui était un prétentieux m'apprit qu'ils étaient faits de calcium presque pur. J'aimais déjà à cuisiner les corps simples. Le hasard m'ayant fait poser un morceau de soufre dans un de ces récipients naturels, je m'aperçus que sa puissance lumineuse doublait. Mon chirurgien qui ne se doutait de rien m'enseigna que le nouveau corps ainsi formé était du sulfure de calcium. J'avais découvert la précieuse matière dont l'industrie s'est emparée aujourd'hui, ce qui fera, sans doute, bien des fortunes, et que les imbéciles prennent pour du phosphore.

— Merci ! dit gracieusement Laripète.

— Il n'y a vraiment pas de quoi. J'en préparai immédiatement des solutions considérables que j'enfermai dans un flacon, me réservant de les analyser de plus près, afin de rédiger un mémoire à l'Académie des Sciences. O flacon merveilleux ! Une simple couche de mon liquide sur n'importe quoi, mais bien exposé à la lumière solaire, et ce n'importe quoi, quand la nuit était venue, devenait lui-même un foyer de clarté douce, mystérieuse et bleue comme celle de l'antique Phébé.

Et l'amiral demeura un instant pensif, pendant que la commandante, peu sensible aux austères beautés de la chimie, exécutait avec son nez rose un petit ronflement harmonieux comme l'écho d'une chasse lointaine.

— J'aimais alors, reprit l'amiral, et cela sur un ton qui réveilla immédiatement la commandante. J'aimais et mon cœur saigne encore à ce souvenir. Elle s'appelait Naïboula et son père Kamalotutu était un des plus grands chefs de tribu de la contrée. Cette haute situation sociale ne l'avait pas infecté de nos préjugés ridicules et ne l'avait pas empêché de conduire lui-même sa fille dans mon lit, ce qu'on n'obtiendrait pas de notre moindre baronnet. Il m'avait même exprimé, par une pantomime pleine de goût, qu'il serait infiniment flatté d'avoir un petit-fils de ma fabrication. Je lui promis d'y tâcher et je tins ma parole. Un plat de mûres, cette Naïboula, mais de mûres savoureuses. Elle était brune comme Toussaint Louverture ou Jean Louis, mais d'un brun infiniment plus agréable. Sous cette ombre naturelle elle avait les traits d'une régularité romaine et sa bouche d'un rouge ardent était comme une flamme d'incendie traversant cette nuit. La douceur de ses yeux révélait le velouté de ses pensées. Ses pieds et ses mains, très petits, étaient d'un dessin vigoureusement délicat. Ajouterai-je que ses hanches avaient un rythme d'amphore et que son ventre, pareil à un lac de jais, était d'un contour le plus ferme du monde ? Amoureuse avec cela, amoureuse comme une chatte. Plus adorable cent fois qu'aucune blanche et rappelant ce vers virgilien, dans l'églogue d'*Alexis :*

Alba ligustra cadunt ; vaccinia nigra leguntur.

— Comme vous vous rappelez votre grec ! s'exclama la commandante.

L'amiral laissa passer cette incongruité littéraire et poursuivit :

— Je l'entourais de tous les raffinements de la vie européenne. Elle aimait les parfums et j'avais fait venir de Paris, pour elle, les plus délicats. Mieux encore je l'avais initiée aux plus joyeuses intimités de la toilette chez les femmes-bien élevées et je lui avais fait coûteusement apporter, de chez le plus grand faïencier de la rue du Bac, un de ces quadrupèdes aquatiques dont les flancs sont en porcelaine et les pattes en acajou, montures innocentes autant qu'utiles et qui n'ont jamais pris le mors aux dents. C'était matin et soir un petit bruit de cavalcade, dans la tente où nous vivions ensemble, lequel me rappelait le bois de Boulogne et me réjouissait infiniment le cœur. J'avais eu là cependant une bien fatale pensée !

Et l'amiral se moucha pour accentuer l'expression de sa mélancolie.

— Inutile de vous dire, reprit-il, que je n'avais pas eu la sotte idée d'étendre à son costume ce souci de civilisation et que je lui avais laissé ignorer soigneusement les chapeaux à plumes, les jupes empesées, les corsets redresseurs de torts, tout le fatras de nos toilettes parisiennes. J'avais entendu qu'elle continuât à marcher revêtue de sa seule beauté. Vous n'imaginez pas comme c'est commode dans la vie !

Je lui avais simplement permis de porter, les jours de fête, un collier de marrons d'Inde que j'avais moi-même sculptés pour elle et où tous les membres de sa famille étaient représentés, à commencer par son père le vénérable Kamalotutu. Or, un jour que j'avais à passer quelques heures à bord, je l'autorisai à aller faire, après dîner, une visite à ses parents. Le service me retint plus longtemps que je ne l'avais prévu, et il était bien onze heures du soir quand je regagnai la petite maison de toile où m'attendait le bonheur. A ma grande surprise Naïboula n'y était pas. Bientôt une clameur immense et un éparpillement de lumière dans l'ombre m'apprit qu'il se passait quelque chose d'extraordinaire dans la tribu de ma bonne amie. Avec l'intrépidité proverbiale que vous me connaissez, je me dirigeai immédiatement vers le point d'où partait ce bruit et que désignait cette illumination. Je faillis tomber à la renverse en arrivant. Naïboula était debout sur un autel improvisé. Tous les sauvages prosternés psalmodiaient un hymne religieux à ma maîtresse dont le derrière brillait circulairement d'une clarté rayonnante et douce :

— « O Lune, chantaient-ils dans leur langue barbare, enfin le mystère est accompli. Enfin le temps est venu qu'avaient prédit les prophètes! »
— « Tu es venue parmi nous, ô Lune ! et la pitié des cieux s'épanouit sur ton doux visage. »
— « Contemple, de ton œil caressant, l'humanité toute frémissante de reconnaissance et d'amour. »

Et mille autres balivernes mystagogiques. Un moment m'avait suffi pour comprendre l'horrible réalité. Avant de se diriger vers la tente du vénérable Kamalotu, la coquette Naïboula avait fait une de ses chevauchées habituelles ; mais par une distraction impardonnable, au lieu de seller son cheval d'eau de Lubin ou de Cologne, elle l'avait arrosé du contenu d'un de mes flacons de sulfure de calcium, ce qui pouvait seul expliquer l'incandescence de son séant dans la sérénité de la nuit.

Ce fut un malheur irréparable. Sacrée déesse par la superstition populaire, un temple lui fut élevé dont les prêtres défendirent l'entrée à tous les infidèles. Elle-même, croyant à sa divinité, me menaça du bûcher si je tentais d'approcher d'elle. Je m'en allai avec mon intrépidité proverbiale, et deux jours après je changeais de station, devenu plus incrédule aux religions que feu Voltaire lui-même.

— Ça aurait pu arriver tout de même avec du phosphore, conclut cet obstiné Laripète.

SIMPLE BADINAGE

Chacun sait qu'il n'est pas de recueil, au monde, où les choses et les personnes de la religion soient plus constamment respectées que dans mes livres, ni d'écrivain aussi plein de déférence que moi pour tout ce qui touche à une forme de l'Idéal, dont aucune métamorphose heureuse ne me paraît avoir été encore accomplie. Or donc ne me départirai-je pas — même pour une fois — de cette vénération commune à tous les gens bien élevés, et si je vous conduis dans l'intérieur d'un couvent, c'est que ce couvent est de pure fantaisie et que les nonnes qui l'habitaient, dans un temps et dans un pays que je ne saurais préciser, sont proches parentes de ces aimables nonnes de Poissy qu'Honoré de Balzac immortalisa dans un de ses contes drôlatiques, sans plus attaquer que moi, d'ailleurs, leur aimable institution. A côté de la farouche légende antimonacale dont vivent, depuis un siècle déjà, les libres-penseurs sans talent, est une fable charmante des béguines d'antan pleines de regrets du monde, facilement hospitalières aux audaces des comtes Ory, vertueuses avec cela et chantant, d'une voix fraîche comme des voix d'oiseaux en cage, les beaux versets de Matines et les poétiques paroles de l'Angélus. Dire du mal de telles personnes ! Allons donc ! C'est avec une tendresse réservée au contraire que j'évoquerai leur fantôme grassouillet tout enveloppé de voiles : visage encadré de lin et dont le jeune sourire se met à grand'peine à l'unisson des modesties voulues du regard; corps rondelet perdu dans l'abondance des étoffes, mais cependant trahi par leur légèreté; gestes onctueux tout empreints de grâce féminine. Je vous répète, d'ailleurs, que je ne crois pas un traître mot des calomnies accumulées contre ces gynécées monastiques. Les dames que je vous présente n'ont jamais existé, et, eussent-elles existé, que cette histoire n'est qu'un hommage à leur vertu.

Que pouvait-on reprocher, en effet, à sœur Pétronille, la première dont je vous veux parler? Non pas assurément d'être brûlée de feux intérieurs et de cruels désirs, puisqu'elle se mortifiait à miracle pour éteindre ces flammes inopportunes et faire taire ces mauvais conseillers. Ce n'était pas, morbleu! sa faute, si l'imprévoyante nature ne l'avait pas vouée, par destination, aux austérités de l'état où l'avaient jetée la foi et la volonté de sa famille. Elle n'en avait que plus de mérite à lutter contre les embûches du démon. Est-ce que la grande renommée de saint Antoine ne lui vint pas d'avoir terrassé la tentation? Encore saint Antoine s'était-il mis à deux pour cette rude besogne. Mais sœur Pétronille, elle, n'avait pas de petit cochon pour l'aider à vaincre le malin esprit. Le jeûne, d'autant plus cruel qu'on faisait admirablement la pâtisserie dans le couvent, — la prière d'autant plus agréable au Ciel que notre nonnain chantait comme un ange, — la flagellation, d'autant plus horrible que le fouet tombait sur les chairs les plus délicatement potelées du monde, étaient ses seules armes dans le combat où se disputait à l'enfer le salut de sa belle âme. Et sœur Pétronille jeûnait, priait et fouettait avec toutes les ardeurs transformées d'un tempérament déçu, sans pouvoir chasser cependant, de ses yeux et de son cerveau, les riantes images du baiser défendu et des caresses interdites; sans cesser de pressentir, dans l'inconnu que lui fermait le cloître, des joies coupables et délicieuses, des amours toutes charnelles, mais valant bien une éternité. Pauvre nonnain! Il faudrait avoir vraiment bien des pierres dans la vessie pour lui jeter seulement un petit caillou.

Enfin, — et cela suffit pour vous prouver que mon récit est de pure imagination, — le Ciel eut pitié de son supplice et lui dépêcha un ange, une belle nuit, un ange spécialement chargé de récompenser sa longue chasteté par un petit miracle. Rêvait-elle ou non? Ce qui est certain, bien qu'absolument faux d'ailleurs, c'est que cet ange, dont les ailes avaient traversé l'air d'un son de harpe et d'un parfum de cinname, vint s'abattre au pied de son petit lit blanc et lui tint ce discours, debout dans une auréole d'azur et d'or comme les anges du maître peintre Rubens :

— « Tu brûles de connaître, pauvre créature, les extases des terrestres amants, et nous te rendons là-haut cette justice de n'avoir pas pris le seul chemin qui y mène communément. Cela prouve, chez toi, une nature distinguée. Aussi, avons-nous résolu, entre conseillers du Très-Haut et musiciens ordinaires des orchestres paradisiaques, de faire exception pour toi aux règles dont se contentent, en les subissant, les vulgaires mortels. Tu les connaîtras, ces extases, sans avoir recours aux vilenies de la chair et par la seule puissance d'un mot qu'il te suffira de prononcer pour les faire naître en ta personne, sans que celle-ci soit souillée par aucun contact impur. Ce mot, garde-toi de l'oublier, c'est : *Pan!* Mais conserve aussi précieusement, dans ta mémoire, cet autre mot : *Prout!* Car, seul, il pourra t'arracher à des délices qui, trop prolongées, deviendraient une douleur. J'ai dit, et je m'en retourne aux voûtes célestes parce qu'on respire ici une odeur de beignets, laquelle m'induirait certainement au péché de gourmandise et me vaudrait une semonce de l'Éternel. Cependant, reviendrai-je un de ces jours, sans être vu, pour t'en demander la recette. Beaucoup de vanille, n'est-ce pas, et une pointe de kirsch ? »

Et, rouvrant ses ailes blanches aux bords rosés d'aurore, l'ange traversa l'espace d'un nouveau son de lyre et d'un nouveau parfum de cinname.

— *Pan!* dit la sœur Pétronille.

L'ange n'avait pas menti. Car les esprits supérieurs seraient de bien tristes hommes politiques.

— Qu'avez-vous, ma chère sœur? Êtes-vous indisposée? Faut-il appeler notre mère?

— Non! non! répondit sœur Pétronille d'une voix étrangement mélodieuse.

— Mais qui vous a pu bouleverser à ce point l'esprit?

— Rien !... j'ai dit *Pan!*

— *Pan ?* répondit sœur Brigitte étonnée.

Mais elle n'eut pas plus tôt prononcé le mot fatal que les mêmes effets se produisirent en elle.

Alors sœur Cunégonde accourut.

— Qu'est-ce donc? fit-elle à sœur Brigitte.

— J'ai dit : *Pan!* répliqua celle-ci.

— *Pan ?* redemanda sœur Cunégonde.

Ah! misère! Et voilà encore une affolée par cette malencontreuse exclamation.

Que vous dirai-je? une heure après, toutes les nonnains, s'interrogeant l'une l'autre, avaient prononcé ce dangereux vocable, et l'ange qui, dans un sentiment louable, il est vrai, avait causé tout ce désordre, devait bien en rire là-haut, sa place reprise à son pupitre. Car vous savez que les étoiles sont simplement de petites lucarnes sourdes, de mignons œils-de-bœuf lumineux par lesquels ces bienheureux nous regardent pour se divertir, quand ils ont fini de chanter leur morceau. Et, comme ils sont de différentes catégories et d'importances diverses, étant classés en Trônes, Dominations et, suivant une hiérarchie beaucoup plus équitable que les nôtres, nos savants, qui ne sont, au fond, que de pures bourriques, appellent planètes les plus grandes de ces ouvertures, celles qui servent aux solistes les plus considérables.

Madame la supérieure dut faire mander sur-le-champ le confesseur de la maison, frère Ortolan, homme de grande piété.

— « Mes sœurs ont dit *Pan!* » dit par mégarde la sainte abbesse.

— « *Pan ?* » répéta imprudemment frère Ortolan.

Bon ! c'est le bouquet ! voilà madame la supérieure et le pauvre directeur des âmes ensorcelés tous deux !

Mais, me direz-vous, sœur Pétronille est joliment coupable. Pourquoi n'a-t-elle pas dit : *Prout!* depuis longtemps et appris à ses compagnes le secret de ce mot de délivrance ?

— Ah ! ah ! pourquoi ? Parbleu ! parce que, toute au voluptueux pouvoir du premier mot magique, elle avait parfaitement oublié le second ! Mais la Providence, toujours bien intentionnée pour elle, vint à son secours, car un *Prout!* très distinct sortit enfin de sa personne sans qu'elle eût d'ailleurs eu la fatigue d'ouvrir la bouche. A peine fut-elle sauvée, que ses compagnes, qui avaient ouï la sonorité de son talisman, sans l'avoir vu d'ailleurs, l'imitèrent sur toute la ligne. Ce fut une suite de : *Prout!* comparable à un feu à volonté. Celui de madame la supérieure éteignit toutes les veilleuses. Celui de frère Ortolan cassa tous les vitraux et fit tomber un grand pan de muraille. Mais le charme était vaincu. La paix était rentrée dans ce chaste asile. On entonna le *Te Deum*, on brûla même de l'encens, ce qui n'était pas de trop, les veilleuses comme les hommes ayant fort mauvaise haleine au moment où elles rendent le dernier soupir.

Et maintenant, lecteur sévère, pardonne-moi ce caprice de plume qui ne saurait froisser aucun de tes sentiments. Nous sommes en plein dans le domaine de la fantaisie, et je n'ai voulu que te donner ma version sur l'invention de ce délicieux entremets sucré que nos grand'mères appelaient *Pets de nonne*, et que je continue à appeler comme ma grand'mère.

LES ÉTRENNES BIEN REÇUES

C'était cette année, parbleu ! Le jour même de l'An. Comme elle rentrait dans le salon après avoir reconduit Mme de Saint-Tropez et lui avoir fait mille confidences désagréables sur le caractère de son mari, Hélène aperçut sur la grande table, au milieu des sacs de marrons éventrés et des boîtes de fondants ouvertes, aux rubans bleus ou roses dénoués, un paquet soigneusement enveloppé qu'elle n'avait pas remarqué encore. Elle en fit tomber les papiers divers de fil et de soie qui en dissimulaient la nature et découvrit un vase de porcelaine d'une forme singulière et d'apparence presque rustique, mais d'une décoration orientale extrêmement bizarre, remarquable surtout par l'usure de son orifice ; dans le vase quelques chocolats à la vanille mis là évidemment pour obéir à l'usage. Pas de carte d'ailleurs, ni à l'entrée de l'objet, ni perdue dans les frêles et nombreuses armures qui le protégeaient auparavant. Hélène sonna :

— Qui a apporté cela, Céleste ?

— Un commissionnaire, tout à l'heure, pendant que madame causait avec M*me* de Saint-Tropez.

— Et il n'a rien dit?

— Rien absolument, madame.

— Vous êtes sûre que c'est pour ici?

— Certainement. Car il a remis la chose sans la moindre hésitation..

— C'est bien.

Et Hélène, assez lasse d'avoir parlé tout un jour pour ne rien dire, — ce qui n'est pas malheureusement spécial à cette solennité des vœux annuels, — se renversa doucement dans sa causeuse, tendant ses jolis pieds chaussés de mules au feu qui, lui aussi, semblait mourir d'ennui d'avoir entendu tant de stupides discours et lançait, dans l'âtre, de rouges bâillements dont toute la pièce était éclairée.

Vingt-quatre ans certainement, vingt-sept peut-être. Une beauté radieuse et dans tout son éclat, non parfaite de régularité académique, mais bien de charmes sensuels ; non pas celle de Minerve, mais plutôt de quelque Grâce bâtarde d'un dieu et d'une mortelle ; une fille, non pas de Phidias, mais de Boucher. D'une pureté suffisante à peine, les traits semblaient n'avoir de lignes que pour enfermer dignement la clarté savoureuse des chairs. Le front un peu bas n'était pas précisément hanté par la rêverie. La physionomie commençait aux yeux de couleur changeante et piqués d'étoiles comme un pétillement de bois sec dans l'ombre. Le nez, d'un assez beau dessin à la naissance, se terminait fort impertinemment par un bout un peu charnu qui paraissait néanmoins toujours prêt à s'envoler, battu qu'il était, sans cesse, par les ailes roses et vibrantes des narines. On eût dit que la bouche un peu grande avait été ouverte par un baiser. Mains potelées et très délicieusement épaisses à la paume, blanches et ourlées de rose par des ongles charmants. Ce qui ne se voyait pas, en elle, était la logique parfaite de ce qui se voyait. — L'avez-vous donc vu ? — Non certes et, si je l'avais vu, j'aurais le bon goût de n'en pas parler. Mais ce serait bien le diable que j'eusse passé la quarantaine sans avoir appris le secret de ces délicieuses corrélations et sondé le mystère de ces relations essentielles au bonheur de la vie. Un célibataire de mon âge qui ne saurait pas déshabiller parfaitement une femme du regard et la décrire par soi-même, sans y avoir seulement mis, comme Thomas, le petit bout du doigt, serait une franche bourrique, indigne de son état de vestale mâle. Si vous voulez parier vingt louis avec moi qu'Hélène avait encore des seins abondants sans excès et fermes sans âpreté, des hanches noblement révoltées contre les envahissements du corset, des cuisses superbes et des mollets que les cuisses eussent fait prévoir plus gros, je retourne demain passer huit jours à Anvers où j'ai encore plusieurs tableaux à voir. Et j'en ai connu de plus forts que moi qui, à cette simple inspection du visage et des mains d'une femme du monde, voire même pour les autres, vous disaient immédiatement la profession et le caractère de son mari. Ceux-là eussent pu vous apprendre que l'époux d'Hélène était le compositeur Pétauton, homme riche, aimant les arts et d'une pingrerie au dessus de la moyenne.

Le voilà qui rentre justement, fort maussade des visites qu'il a dû faire et qui lui ont coûté des infinités de fiacres. Sans regarder seulement sa femme, il a roulé un fauteuil à l'autre coin de la cheminée et se chauffe silencieusement.

— Mon ami, lui dit Hélène, regardez donc ce singulier cadeau.

Et, reprenant sur la cheminée le vase de porcelaine, elle le tend à cet animal. Aussitôt les yeux de Pétauton s'allument. Désagréable à vivre, mais érudit en bibelots, il a immédiatement reconnu un *Koutsi-Fakata* authentique, un de ces merveilleux produits du célèbre potier japonais Katosiro-Ouye-Moy, qui vécut sous Syonn-Tok vers 1220, décorés de *outas* composés par des poètes du même âge, ce qui, pour les collectionneurs instruits, est certainement une des grandes raretés du monde.

— Admirable! s'écria-t-il.

— Alors ce n'est pas pour moi, dit mélancoliquement Hélène.

— Et pourquoi ça, je vous prie?

— Parce que je ne sais d'où me vient cet objet et que, s'il a une valeur pareille, je ne vois vraiment pas qui aurait pu me l'envoyer. Je vais le faire descendre chez le concierge.

— Par exemple !

— Mais enfin pourtant si le commissionnaire s'est trompé?

— Ces gens-là ne se trompent jamais. Ils ont des médailles pour ça. Et pourquoi donc, s'il vous plaît, quelqu'un de nos amis, sachant notre amour pour les curiosités orientales, n'aurait-il pas saisi l'occasion de nous faire cette gracieuseté?

— Le fait est que vous avez obligé tant de personnes dans votre vie !

— Je ne jette pas, il est vrai, mon argent par les fenêtres, mais je donne volontiers de bons conseils et j'ai toujours mis mon expérience au service des autres. J'ai, de plus, offert à maintes de nos connaissances des petits morceaux de moi qu'elles auraient eu, il est vrai, pour vingt sous chez un marchand de musique, mais j'y ajoutais toujours ma signature et un petit mot aimable.

— C'est égal, malgré votre munificence, j'ai des doutes. Que peut valoir cette horreur?

— Dix mille francs au bas mot.

— Alors, pas de doute, je ne l'accepte pas.

— Et moi, je vous commande de l'accepter, entendez-vous ! Il ne manquerait plus que d'être malhonnête avec les personnes qui nous font des surprises.

Il est onze heures du soir. M. Pétauton est encore sorti après son dîner pour aller serrer la main aux amis du cercle. Hélène est seule encore et roule curieusement le *Koutsi-Fakata* entre ses doigts, cherchant ce que peuvent bien vouloir dire les caractères bizarres qui y sont écrits. A ce travail monotone, elle s'assoupit. Un bruit éclatant la réveille soudain ; le vase à peine tenu par ses mains que le sommeil a détendues a roulé de ses genoux et s'est brisé en mille morceaux. Elle croit qu'elle rêve encore. Mais non ! les débris de porcelaine sont là à ses pieds, et parmi eux un billet mille fois plié qui était au fond sans doute, sous les chocolats vanillés. Machinalement elle le ramasse, le déploie et lit ces cinq vers, traduction littérale d'un des *outas* tracés sur le pot en miettes. Car vous n'ignorez pas que les *outas* sont de petits poèmes de trente et un pieds où, comme dans nos sonnets, les poètes japonais d'antan avaient coutume d'enfermer une pensée délicate, mélancolique ou amoureuse. Jugez un peu cet exemple qu'Hélène avait tout traduit sous les yeux :

>Ta bouche et tes yeux
>Sur mon cœur ont même empire.
>Hélas! qui le mieux
>Me console et me déchire,
>Ton regard ou ton sourire?

La jeune femme relut plusieurs fois ces vers au rythme bizarre et se prit à penser à l'inconnu qui les avait écrits, au point d'oublier parfaitement la fureur dans laquelle entrerait certainement son seigneur et maître, M. Pétauton, quand il apprendrait le sort fâcheux de la curiosité coûteuse qu'il rêvait pour sa vitrine. Ayant repris sa place dans sa causeuse, elle ferma les yeux de nouveau et il lui sembla qu'un garçon de belle tournure, au visage mâle et brûlé du soleil, à la physionomie pleine de grâce et de fierté, l'implorait en rimes mélodieuses avec une musique amoureuse dans la voix. Combien de temps dura cette vision? Quand elle en sortit en sursaut, un étranger était, en effet, devant elle, respectueusement incliné et singulièrement conforme, par le type, sinon par le détail, au personnage qui lui était apparu.

— Madame, lui dit celui-ci avec une émotion mal contenue dans l'accent, pardonnez-moi une pareille visite à une pareille heure. Mais à vous seule je puis dire ce qui m'amène et mon extrême inquiétude. Car peut-être ai-je causé dans votre maison un involontaire malheur.

— Je ne comprends pas, dit lentement Hélène en prenant un plaisir infini à contempler son interlocuteur.

— C'est difficile à dire. Enfin, madame, n'auriez-vous pas reçu tantôt un présent que vous n'attendiez pas ?

— Oui, monsieur, un vase japonais avec du chocolat dedans.

— C'est bien ça ! ce misérable commissionnaire s'est trompé d'étage !... Mais, au fond de cette poterie, monsieur votre mari n'a pas trouvé un mot compromettant ?

— Non, monsieur, je l'ai trouvé moi-même.

— Dieu soit loué ! Et vous ne m'en voulez pas ?

— Pas du tout, au contraire.

Malgré lui, le lieutenant de vaisseau, Yves

Maurec, regarda de plus près celle qui lui parlait avec cette assurance et il trouva Hélène délicieuse, en quoi il avait parfaitement raison.

— Le seul malheur, continua celle-ci, c'est que l'erreur est irréparable.

Et, montrant du bout de son pied, ce qui souleva fort aimablement sa jupe, les débris du *Koutsi-Fakata* qui jonchaient le tapis :

— C'est à mon tour de vous dire, continua-t-elle : ne m'en voulez-vous pas ?

— Moi ! au contraire ! s'écria à son tour Yves Maurec.

Il avait pris sa main et était devant elle, un genou en terre. Elle laissa la tête du marin s'approcher de la sienne et sa bouche... se tendre vers sa bouche.

Alors ! tout de suite ? comme ça ?

Pardon, monsieur ; je n'ai pas dit : tout de suite. J'en aurais, si je le voulais, pour une heure à vous conter les mignardises adorables qui précédèrent, pour l'infortuné Pétaudon, le beau sacrement de cocuage. L'essentiel est qu'il le reçut avec d'autant plus de piété qu'il ne s'en doutait pas, occupé qu'il était à tailler un bac au cercle. Mais tous les rites étaient accomplis quand il rentra, à deux heures du matin, un peu gris. Le lieutenant était arrivé au moment phychologique pour lui administrer les saintes huiles qui font pousser les cornes. Le premier mot de Pétauton fut pour demander des nouvelles du *Koutsi-Fakata* :

— Hélas ! mon ami, lui dit Hélène, je ne m'étais pas trompée. Il n'était pas pour moi et j'ai dû le rendre.

— A qui, morbleu ?

— Mais au monsieur qui ne me le destinait pas et qui est venu le réclamer en personne.

— Pour qui donc était-il alors ?

— Pour quelque autre dame sans doute.

— Mâtin ! s'écria le grossier personnage. Le mari de celle-là a une fière chance.

— Vous en avez autant que lui, mon chéri ! répondit philosophiquement madame Pétauton.

EN BUVANT DU VIN CLAIRET

C'est celui-là seulement que boivent les sages, en dégustant les boudins de Noël (ô foi d'un peuple qui fête la venue de son Dieu par une débauche de charcuterie !), non pas les crus généreux qu'il faut réserver à de plus savantes gastronomies : oui, mes frères, quelque petit vin d'Anjou ou du Maine, jeune encore, bien limpide et pétillant, une jolie tisane de pierre à fusil. Et l'effet ordinaire en est une immédiate gaieté, comme si le sang courait plus léger dans les veines détendues ; et il ne faut pas attendre, de ceux qui s'en sont bien mouillés au dedans, la décence de langage qui distingue les courtisans dans les cours, ou les chattemiteulx dans les académies. Propos de réveillons sont toujours propos salés, et vous

m'en voudriez certainement si je vous apportais,
de cette solennité joyeuse, quelque écho mélancolique comme un son de cloche, non pas égrillard et impertinent comme un cliquetis de verres.
Aussi ne le ferai-je pas, d'autant que j'ai moins
réveillonné que personne, l'âge étant passé pour
moi où l'on se croit déshonoré d'avoir passé dans
son lit cette nuit fameuse, ce qui implique une
très fausse idée de l'honneur. Car tout dépend
de la compagnie qu'on trouve dans son lit, laquelle peut être préférable à la société des boudins les mieux confectionnés. Chacun prend son
plaisir où il le trouve. Mais, tout en demeurant
chez moi, j'ai constamment, ou à fort peu près,
eu l'oreille à mon téléphone et vous puis-je conter une aventure grassouillette qui me vient par
voie électrique de chez nos bons amis les Laripète où, suivant l'us du plus grand nombre, tout
en dévorant des cochonnailles arrosées de vin
clairet, on disait force bêtises et choses tellement
incongrues qu'on eût pu croire qu'un peu de
l'âme porcine demeurée aux viandes servies se
mêlait immédiatement à l'âme des conteurs, par
quelque phénomène curieux de métempsycose.

On venait de demander une histoire de voyage

à notre vieux camarade Le Kelpudubec qui, après s'être excusé, par avance, sur ce qu'elle avait d'excessif, commença comme il suit et poursuivit de même :

— Vous avez pu remarquer déjà, mes mignons, que mes nombreuses excursions à travers les mers de tous les mondes n'avaient pas précisément pour but d'acquérir, à ma patrie, de nouveaux territoires. Je n'ai jamais été partisan de la politique coloniale, et c'est un résultat parfaitement égoïste que je poursuivais, tout en acquérant des grades par ma connaissance exceptionnelle de la rose des vents et mon flair breton à l'endroit de toutes les choses de la mer. Comme vous l'avez dû saisir par mes précédents récits, mon intention était de me marier, dans quelque lointain pays, avec la fille de quelque souverain étranger, pour y fonder une dynastie commerciale. Car des grandeurs royales je n'ai jamais souhaité que la liste civile et je n'aurais pas dédaigné de vendre moi-même, à bon prix, les diamants et les pépites d'or qu'on aurait pu trouver dans nos Etats. Je me serais associé pour cela avec mon beau-père, et mes relations en Europe m'eussent permis d'installer, à certains points géographiques bien choisis, des comptoirs excessivement lucratifs. Donc, point de femme française ! D'abord, elles font toutes leurs maris...

— Si on peut dire ! s'écria Laripète en serrant la main de la commandante.

— Belle nature, va ! poursuivit Le Kelpudubec. Enfin, maintenant que vous savez mon plan, vous ne vous demanderez plus pourquoi j'errais, en 1845 environ, dans les îles océaniques, cherchant une fiancée dans les petits Etats qui en font une pétaudière analogue à notre pays européen. Car chacun, comme chez nous, y ambitionnait les terres de son voisin et rêvait d'y planter, au bout d'un balai, son mouchoir de poche. Dans toute la contrée, on ne renommait, pour la sagesse de ses visées politiques et ses pacifiques inspirations qu'un seul chef de tribu, mais le plus puissant de tous ; on ne vénérait, à l'instar du vieux Nestor dans le monde des rois Hellènes, qu'Ouyapapa. Or, comme il avait une héritière charmante, je l'avais immédiatement choisi pour futur beau-père. Son goût pour le négoce international me faisait entrevoir enfin la réalisation de mon rêve, la fondation de la maison Le Kelpudubec-Ouyapapa, fils et successeurs, empereurs d'Orient et marchands de denrées coloniales.

Cet homme prodigieux, fort honoré de ma recherche, m'avait fait bâtir, sur mes propres plans, et à deux pas de son palais, un palais à l'européenne, et j'avais, à plusieurs reprises, admiré l'ingéniosité d'esprit, le sens raffiné de la civilisation et du confort qui lui avaient fait immédiatement perfectionner beaucoup de nos inventions les plus modernes. Bien des appareils qui sont restés, chez nous, à l'état presque rudimentaire, lui avaient inspiré les plus adroites modifications. C'est ainsi que, par exemple, le gaz, dans ma nouvelle demeure, ne servait pas seulement à éclairer et à chauffer, mais faisait en même temps de la musique et répandait un parfum...

— Par exemple, s'il croyait avoir découvert ça ! s'écria Laripète.

— Comme il est pénible de causer avec des gens à l'imagination malpropre ! reprit mélancoliquement l'amiral. C'est tout au plus si je me sens le cœur de continuer après cette inconvenante observation. J'essayerai cependant pour vous seule, commandante. A l'instar de son roi, le peuple tout entier dont j'allais devenir le chef amplifiait sur toutes nos gentillesses européennes. Pour ne vous en donner qu'un exemple, quand quelqu'un éternuait là-bas, ceux qui l'entendaient ne se contentaient pas, comme ici, d'un tout sec : Dieu vous bénisse ! Mais, de si loin qu'ils eussent ouï chanter son coryza et dans quelque situation qu'il se trouvât, ils accouraient à lui et l'embrassaient affectueusement, à plusieurs reprises, sur le nez principalement, comme pour consoler celui-ci de la mésaventure dont il était devenu le siège involontaire. Aussi m'amusais-je souvent, le matin, à éternuer violemment dans mon lit, pour voir accourir ma fiancée pleine de caresses chastes. Car elle était adorable vraiment, dans ses aurorales toilettes, celle qu'Ouyapapa me destinait, la brune Tapioca aux hanches fermes, aux cheveux profondément crêpelés, aux yeux rêveurs entre leurs longs cils, comme des sources où descend l'image d'une étoile dans l'ombre innombrable des roseaux. Ses petites dents de cannibale avaient des blancheurs implacables comme la froide brûlure des neiges. Ah ! j'attendais impatiemment la nuit d'hyménée. Car l'idée d'escompter mon propre bonheur conjugal et de toucher, à l'état d'avances intempestives, les ivresses entrevues ne m'était pas venue un seul instant. Tapioca était d'ailleurs pure comme un lis et même un peu bébête. C'est au point qu'Ouyapapa et moi nous amusions souvent beaucoup de sa naïveté. Car ne croyez pas qu'Ouyapapa dédaignât de rire avec votre serviteur. Mais la fatalité veillait sur mon fragile rêve !

On inaugurait mon palais à l'européenne, mes justes noces avec Tapioca, comme dit le Code civil latin, devant avoir lieu deux jours après. Après un repas magnifique où nous avions mangé des homards truffés, — perfectionnement imaginé par mon futur beau-père, — nous faisions en famille une délicieuse partie de loto, jeu qu'Ouyapapa affectionnait entre tous et qu'il avait également enjolivé par l'invention de boules qui servaient en même temps à dire la bonne aventure et à colorer le bouillon. Il me sembla tout à coup que le homard et les truffes s'injuriaient dans mon estomac et se menaçaient réciproquement de se mettre l'un l'autre à la porte, comme font les personnes en colère ou qui ne peuvent vivre ensemble. Résolu à agir comme font les propriétaires qui expulsent, dos à dos, les locataires dont l'humeur incompatible rend leur immeuble inhabitable aux paisibles gens, j'abandonnai un instant la partie, au moment où le quine me souriait manifestement, et je me dirigeai vers la grotte britannique, inscrite sous le numéro 1000 dans le catalogue de mes appartements, toujours pour faire mieux qu'en Europe, où nous nous contentons d'un simple 100. Je venais d'exécuter l'arrêt d'expulsion et saisissais déjà un feuillet de Revue pour le lire, comme j'ai coutume, quand je sentis une main mystérieuse et certainement mécanique dont l'intervention habile et opportune me dispensait absolument de cette lecture. Une nouvelle invention de mon bienfaiteur ! une découverte ingénieuse ! une machine délicate me dispensant d'une besogne qui n'a rien de parfaitement récréatif. Enthousiasmé, je me retournai vivement, et, me penchant avec curiosité, j'avançai mon visage pour étudier ce mirifique appareil. Pan ! voici que la main inintelligente et n'ayant pas conscience que sa tâche fût terminée, ressortit brusquement à nouveau et s'en vint continuer, en plein sur ma figure, l'office qu'elle avait commencé ailleurs. Je toussai un formidable éternûment.

A cet appel involontaire, la belle Tapioca accourut, et, suivant l'usage que j'ai dit plus haut, me baisa le nez de toute la ferveur de ses lèvres roses. Mais elle recula bien vite en éternuant elle-même. Tous les convives se précipitèrent alors ; mais le premier qui rendit, à Tapioca, la politesse qu'elle venait de me faire éternua à son tour, et celui qui lui baisa le nez aussi, et ainsi de tous les autres, si bien qu'Ouyapapa lui-même, ayant apposé sa bouche royale sur le pif du pénultième éternueur, s'enfuit à son tour en poussant de tonitruants : At chi! At chi! Pouah! Pouah! Quand nous repassâmes tous à la lumière dans la salle du loto où le quine interrompu m'attendait encore, tout le monde avait, au plus saillant du visage, une ombre de tatouage tout à fait pittoresque...

— Assez! assez! fit la commandante, tandis que Laripète riait à se découdre le bedon.

L'aventure était certainement ridicule, acheva Le Kelpudubec. Je rompis avec Ouyapapa, afin qu'elle ne me fût jamais rappelée. Encore une alliance royale qui m'échappait. Le ministère me nomma grand-croix pour récompenser mon patriotique zèle. Et maintenant, commandante, pardon pour ce que cette anecdote peut avoir de gaulois. Mais vous n'imaginiez pas que ce vin de Saumur m'inspirât quelque homélie dans le genre de celles de saint Augustin.

Pour moi, qui ne fus cependant que le téléphonique auditeur et le consciencieux secrétaire du vaillant amiral, je ne vous en fais pas moins, à mon tour, marquise, mes plus humbles excuses. Ne tenez pas rigueur, je vous prie, au pauvre Rabelaïsien que je suis, et songez, s'il vous plaît, que si vous me permettiez seulement de baiser quelquefois le bout rosé de vos doigts châtelains, je quitterais bien vite ce genre paillard et incongru pour ne plus chanter que vos aristocratiques beautés, sur les rythmes les plus purs qu'ait conçus le divin Orphée.

UN SCANDALE INNOCENT

A quelques lieues d'Avignon, dans ce beau pays de Vaucluse qui serait certainement le Paradis terrestre, sans cet ange de colère qui s'appelle le mistral et le balaye parfois du vent furieux de son aile, dans un de ces villages que dominent d'imposantes ruines féodales et dont le Rhône baigne tumultueusement les pieds, vivaient, il y a moins de dix ans, deux familles vraiment amies. Les Loutron et les Rocantin étaient séculairement liés, et il avait fallu classer sous des sobriquets, pour les distinguer, toutes les souches nouvelles issues de celles-là et dont le vrai nom eût été Loutron-Rocantin ou

Rocantin-Loutron. M. le curé lui-même, le vénérable abbé Veyssier, qui ne passait pas un an sans marier, enterrer ou baptiser quelque rejeton de cette double race, ne s'y retrouvait que par des moyens mnémotechniques. Fait à noter d'ailleurs : un tiers seulement de ces braves gens était cocu, ce qui représente une moyenne de moralité tout à fait honorable. Il semblait donc absolument naturel que demoiselle Agathe Rocantin-Loutron dite Calestroupat épousât, dans un mois au plus tard, son cousin Paul Loutron-Rocantin dit le Roubichou, qui avait précisément deux ans de plus qu'elle. Tout convenait entre eux, l'égalité des biens, le désir réciproque des parents, les caractères pliés à une même habitude. Mais tout cela n'eût été rien, à mon avis, et ce qui rendait cette union aussi légitime que sensée, c'est qu'ils s'aimaient.

Et, de fait, tous deux étaient aimables. Elle avec son beau type latin allégé de grâce provençale, ses yeux noirs tantôt rêveurs, tantôt malicieux, sa chevelure d'ombre et ses petites mains d'enfant. Lui avec son allure fière, ses fantaisies de poëte, la vivacité singulière de son humeur. Il avait le geste spontané et descriptif qui met une pantomime sous le discours et le rendrait intelligible aux sourds eux-mêmes. Nul n'était plus habile à conduire les taureaux à demi sauvages, et la lutte à main plate, suivant le rite romain, n'avait pas de secrets pour lui. Comme les parents les avaient de tout temps destinés l'un à l'autre, la jeunesse de ces deux êtres privilégiés avait été une continuelle idylle dans le doux paysage des aïeux. Ils s'étaient regardés dans les mêmes sources et y avaient fait se donner un baiser à leurs images; ils s'étaient chastement endormis sous la même ombre, pendant les chauds midis d'été ; ils avaient poursuivi les mêmes libellules au bord des ruisseaux et fossés, s'étaient serrés l'un contre l'autre sur la même pierre mousseuse. Leur bonheur semblait si certain qu'ils n'avaient pas cherché à en devancer l'heure ; non pas au moins que cette sagesse fût, chez eux, l'effet d'un calcul, mais bien l'instinctif résultat d'une absence complète d'inquiétude pour l'avenir. C'est ainsi que la sécurité est souvent le plus grand obstacle à nos joies qui ont besoin de l'aiguillon des soucis. Je dis cela pour les maris qui se croient sûrs de leurs femmes.

Les fiançailles avaient été publiques et on en était à la période des petits cadeaux qui entretiennent le bon vouloir de la fiancée. Agathe n'était pas avide de présents par nature et Paul n'était pas regardant aux menues dépenses. C'était donc chaque jour une nouvelle surprise suivie d'une affectueuse gronderie. Des fleurs, des chiffons, quelques bijoux modestes, souvent une simple friandise. Je n'ôterai pas un seul rayon de poésie à mon héroïne en constatant que les pâtisseries et les confiseries lui étaient particulièrement agréables. L'appétit est un charme de plus dans la femme aimée. C'est même un de ceux qui durent le plus longtemps. Elle était plus délicieuse que jamais, cette Agathe, quand ses jolies narines roses se dilataient au souffle parfumé d'un entremets ingénieux ou d'un bonbon bien trouvé. Et lui, Paul, éprouvait des joies enfantines à voir les grimaces voluptueuses de cette gourmandise innocente. Agathe avait d'ailleurs de qui tenir ce goût pour les choses qui se mangent. Car sa mère, dame Bertrande Rocantin-Loutron dite Calestroupat était, à table, une des plus belles décrotteuses de plats qu'on eût vues jamais, et c'était une personne à s'emplir si fort de petits gâteaux entre les repas, qu'elle semblait toujours descendre du radeau de la *Méduse :* bonne femme avec cela, mais extrêmement susceptible et exigeant, de son futur gendre, une somme de déférence dont le souverain oriental le plus difficile à vivre se fût contenté. Voilà ce qui s'appelle, j'espère, poser les caractères de ses personnages. Au fait, maintenant, s'il vous plaît !

Paul était obligé d'aller, avant la noce, recevoir la bénédiction, accompagnée d'une pièce de vin, d'un vieil oncle de Montélimar. Dame Bertrande tenait énormément à ce qu'il accomplît cette formalité, vu qu'elle aimait boire après avoir mangé. Les adieux furent déchirants, mais une promesse les fit moins cruels, du moins aux deux femmes. Paul s'engageait à rapporter à chacune d'elles un de ces nougats renommés qui suffiraient à entretenir, dans le Midi, l'art du dentiste. En effet, notre jeune ami n'eut pas plus tôt encaissé les salamaleks du vieil oncle et choisi le cru qui lui convenait qu'il se rua chez le premier confiseur de la ville.

Econome autant qu'amoureux, Paul se dit qu'il était inutile de traiter sa future belle-mère aussi bien que sa fiancée, et, comme il y avait des nougats de différentes qualités et, par suite, de différents prix, il demanda pour Agathe ce qu'il y avait de meilleur et, pour dame Bertrande, ce qui coûtait le moins cher, unissant ainsi la générosité à la pingrerie. Il fut servi comme il le souhaitait. Le premier, enveloppé dans un magnifique papier blanc broché d'or fleurait, au travers, le miel et les amandes. L'autre, vêtu d'une horrible enluminure où le rouge dominait, n'exhalait qu'une petite odeur de poussière comme on en sent dans les bibliothèques publiques. Il s'agissait de ne pas se tromper en les offrant. Pour être plus sûr de son fait, Paul plaça le bon dans une poche qu'il avait sur le devant de sa jaquette, et l'autre, l'inférieur, il l'insinua dans une des basques de derrière, puis il se remit en route, se remémorant, de temps en temps, par des associations d'idées typiques, la précaution qu'il avait prise pour ne pas les confondre.

— Où sont-elles? s'écria-t-il en atteignant le seuil des Rocantin-Loutron dits Calestroupat.

— Aux vêpres, mon garçon, car c'est aujourd'hui dimanche, lui répondit, entre deux bouffées de sa bonne pipe, le porteur de ce nom glorieux, le père d'Agathe lui-même.

— Me permettez-vous d'aller les y rejoindre ?

— Certes! et ton impatience me rappelle les belles ardeurs de ma jeunesse!

Paul partit comme un trait.

Quand il arriva devant l'église, dont le porche grand ouvert, à cause de la chaleur, bâillait sur une constellation de cierges aux lumières tremblotantes dans la fumée des encens, laissant passer les versets des psaumes dans l'époumonnement harmonieux de l'orgue, le cœur lui battit à l'idée de revoir celle qui serait bientôt sa femme. Ayant franchi le seuil sacré, il les aperçut bientôt devant lui, celles qu'il cherchait du regard, mais agenouillées et toutes aux délices intérieures de la prière. Comment attirer les yeux d'Agathe sur lui, ne fût-ce qu'un instant? Paul toussa doucement, puis se moucha bruyamment, puis fit sonner impatiemment le bout de sa canne sur les dalles, si bien que toutes les têtes se tournèrent bientôt vers lui avec une expression scandalisée; car on approchait du moment le plus solennel du salut, celui où le prêtre balance, au-dessus des nuques des fidèles, le rayonnement de l'ostensoir. Enfin, Agathe, la dernière, finit par prendre garde à lui et donna un coup de coude à sa mère qui le regarda aussi.

Au comble du bonheur, sous ce double regard ici tendre, là bienveillant, Paul oublia complètement la solennité du lieu et, pour faire comprendre à ces dames qu'il n'avait pas oublié les nougats :

— Pour toi, fit-il à sa fiancée en se tapant doucement sur le ventre là où le nougat blanc était descendu dans sa poche de devant.

Et répétant le même geste sur son derrière où ballottait le nougat rouge :

— Et pour ta mère! ajouta-t-il.

Un immense et scandaleux éclat de rire retentit sous les arceaux sacrés.

L'abbé Veyssier lui-même fut obligé de poser un instant le soleil où resplendissait l'hostie sur l'autel, pour attendre la reprise du recueillement. Paul confus tremblait sous le regard courroucé de Dame Bertrande, et les yeux désespérés d'Agathe n'étaient pas pour lui rendre le courage.

Tout était rompu, en effet, et rien ne put fléchir l'impitoyable femme, d'autant que l'abbé

Veyssier, qui avait failli manquer sa bénédiction, refusa de s'entremettre pour arranger les choses. Ce fut la première fois qu'une Rocantin-Loutron n'épousa pas un Loutron-Rocantin. C'est ainsi que finissent les races et que l'éloquence des gestes, recommandée par Demosthène, a ses dangers.

MADEMOISELLE BAPTISTE

Celle-ci me fut contée par un vrai Tourangeau de Touraine, dans une auberge fleurie à deux lieues de Chinon, au temps où, tout en inspectant les finances de mon pays, je faisais aussi une consciencieuse étude de ses vins. Or le petit vin rose de Saumur, où des pierres à fusil ont mis leurs étincelles, est le plus bavard que je sache, et ce n'est pas, d'ordinaire, des cantiques qu'il inspire. Pour une fois donc, et en laissant la responsabilité à autrui, je me départirai du genre sérieux qui m'est naturel et qui leur fait dire à l'Académie : « Jamais nous ne recevrons dans notre sein ce Janséniste qui nous ferait mourir de tristesse. Il y en a assez d'embêtants parmi nous. » En quoi je les approuve absolument. Et maintenant je ne suis plus que le secrétaire indigne du narrateur.

A la porte du forgeron Grégoire le vieux foudre de chêne étale sa panse arrondie au clair de la lune. Il s'agit de le réparer pour les vendanges prochaines et d'en resserrer les flancs distendus, avec une carcasse extérieure de fer nouveau. Mais Grégoire est un gaillard avisé et ne laissant rien perdre de ce qui peut servir ici-bas. Il a fait une large ouverture à l'avant de l'immense tonne pour y pénétrer plus aisément et y racler la couche intérieure de tartre déposée par les cuvées anciennes. Ce précieux résidu est vendu par lui à des sophistiqueurs de vins, et c'est un petit profit dont il n'aurait garde de se priver. Actuellement donc le vaste et sonore vaisseau de bois creux porte deux entailles circulaires, une normale, tout en haut et par laquelle se sont faites les coulées, l'autre romantique et improvisée par maître Grégoire dans un but qui ne mérite aucun encouragement. Entre les planches, d'ailleurs, glissent les lumières argentées de la nuit, et le monstre a l'air de se recueillir dans le silence, en attendant l'âme légère qui s'exhale du raisin foulé et monte comme une fumée chantante.

Ce Grégoire avait une fille fort belle que courtisait ardemment le magister Blasius, un pédant sans conséquence — comme tous les pédants. Mais Baptistine, — c'était le nom de cette merveilleuse créature, — ne pouvait pas souffrir Blasius et lui témoignait ses mauvais sentiments par mille plaisanteries villageoises mais dont ce fervent amoureux n'était pas rebuté. Dame, on peut bien souffrir un peu dans l'espoir d'attendrir une personne de cette sorte, unissant au corsage de Diane chasseresse les hanches d'une Vénus Callipyge, ce qui est une excellente combinaison anatomique et tout à fait idoine aux félicités de l'amour. Pour être bourré de verbes déponents, ce Blasius n'en avait pas moins des yeux et ce qu'on appelle, dans le monde, un cœur. Il se complaisait jusqu'à son martyre, ne se doutant guère que la cruelle le dédaignait pour un plus heureux. Car cet odieux savantasse était si fort content de lui-même qu'il n'imaginait pas un instant qu'un autre mortel pût lui être préféré. Et la vérité est cependant que Baptistine adorait en secret Jérôme, le petit voisin, un vaurien avec qui, tout enfant, elle était allée dénicher les pinsons par les beaux chemins fleuris de l'école buissonnière. Un beau gars d'ailleurs et bien découplé, large d'épaules comme un athlète et d'élégante structure pour tout le reste, ce qui était une grande beauté en Grèce, où l'on s'y connut en matière de beauté. Tout concourait donc à l'union de ce beau couple, et son bonheur n'avait d'ennemi que l'avarice de maître Grégoire, laquelle s'accommodait fort mal d'un futur gendre sans un sou vaillant. Aussi, comme Géronte, dans les pantomimes, ne marchait-il qu'avec un long bâton pour faire la chasse à ce galant dépenaillé, à cet impudent rival de l'honnête Blasius.

Mais aussi, comme dans les pantomimes! cela ne devait servir à rien.

Donc la lune versait des coulées d'argent clair sur la plaine endormie et sur les cimes tremblantes des feuillages, baignant son image à l'eau fraîche des sources et poursuivant de ses flèches lumineuses les ombres rapides des nuages. Tout reposait dans le village et dans la forge. Oui, tout, mais pas tout le monde. Baptistine ni Jérôme n'étaient pas si bêtes que de gaspiller en sommeil les caresses de cette nuit étoilée. Les pauvrets venaient d'errer longtemps sans trouver un de ces gîtes improvisés où niche l'amour errant, comme un oiseau aux ailes lassées. Tout leur était terreur dans le champ immense où le silence même avait mille bruits, dans le bois lointain où le mystère même avait des yeux. Ils revenaient, plus assoiffés encore l'un de l'autre, portant aux lèvres le poids des baisers non cueillis, les bras brisés sous le faix des étreintes non rendues, pleins de cette langueur délicieuse et cruelle qui nous vient des désirs désespérés. Tout à coup, Baptistine souleva les lourds cheveux qui noyaient son front et, muette, s'avança timidement vers le foudre en réparation près de la porte paternelle. Jérôme la suivit et, sans avoir échangé un mot, tous deux y furent bientôt blottis, bien que non sans peine, l'échancrure inventée par maître Grégoire étant suffisante à peine à leur passage et leur ayant déchiré le peu de vêtements qu'ils avaient cru devoir emporter pour cette promenade.

Et maintenant, mes amis, s'il vous plaît, écoutez la chanson des grillons dans l'âtre, le murmure du vent dans les saulayes, la plainte du fleuve entre ses rives monotones, le rire argentin de la source sous le chatouillement des roseaux, voire même les ronflements majestueux de maître Grégoire dans son lit, mais respectons la solitude amoureuse de ces enfants ; gardons-nous de troubler la paix de cette heure inoubliable du premier bonheur, de cette heure qui porte en soi son paradis et transforme en Éden jusqu'au fond d'une vieille tonne à demi éventrée et béante devant le seuil d'un forgeron !

— Sors par l'ouverture d'en haut, ma petite Baptistine. Tu monteras sur mes reins et tu t'y accrocheras. Elle est plus raide, moins coupante aux bords et tu ne risqueras pas de t'y abîmer la peau. Moi je vais me laisser glisser, les pieds en avant, par celle d'en bas qui nous a servi déjà et j'irai te cueillir ensuite aux flancs du tonneau.

Ainsi parla sagement Jérôme, le petit jour venant déjà, comme il était visible à l'écharpe d'or pâle que les brumes faisaient flotter aux épaules de la Terre, du côté de l'Orient. Et, s'arc-boutant aux parois, les mains sur les genoux, il tendit son échine souple à la belle fille qui y posa, l'un après l'autre, ses pieds nus, ce qui lui fut, à lui, la plus délicieuse sensation du monde. Après quoi, passant sa tête et ses bras par la lucarne supérieure, elle effectua, vigoureuse, un de ces beaux rétablissements sur les coudes qui sont l'honneur de la gymnastique.

— Sauvée ! fit-elle joyeusement.

A ces mots, le tabouret vivant qu'elle avait tout à l'heure se retira. Mais elle commença de ressentir alors les angoisses du poisson dans l'ouverture resserrée de la nasse. Bien qu'abondante, sa gorge virginale avait passé sans encombre et elle se trouvait engagée à mi-corps, le ferme contour de ses seins lui interdisant toute tentative de recul, et le rebondissement de ses hanches refusant absolument de se prêter à aucun mouvement en avant. Telle une sirène du flot céruléen, telle elle émergeait des rondeurs supérieures du foudre dans une des situations les plus critiques où une jeune fille bien élevée se soit trouvée jamais.

— Jérôme, viens à mon aide ! fit-elle d'une voix étouffée.

Mais le pauvre Jérôme eût été fort empêché de lui porter secours. N'était-il pas, pour son propre compte, dans un embarras tout pareil !

Comme il l'avait dit, il avait engagé dans l'ouverture inférieure de la tonne ses jambes les premières, se proposant de se laisser glisser à terre. Mais il avait compté sans la largeur de ses épaules qui, se présentant à rebours, essayaient vainement de se fondre en une masse cylindrique, comme à leur entrée. Lui aussi, il était pris par le milieu du corps, sans pouvoir ni avancer ni rétrograder, agitant désespérément au dehors ses jambes dont toute culotte avait disparu, ce qui fait que les petites étoiles, avant de s'envoler de l'azur, riaient comme des folles de ce qu'elles voyaient. Fi! les indiscrètes!

Et c'est alors que, par un de ces hasards qualifiés de providentiels par les tyrans, le magister Blasius, qui avait résolu de venir donner une aubade à sa bien-aimée, passa, une petite flûte à la main. Comme il faisait presque nuit encore, il s'en fut se bouter tout droit devant le tonneau au sommet duquel il aperçut le torse et les beaux yeux de Baptistine, tandis que, des jambes que, dans son ahurissement, il prit aussi pour les siennes, lui sautaient jusqu'au menton.

Tout à coup, il mit ses deux mains sur ses yeux

et s'enfuit comme s'il avait entrevu l'Antechrist.

Un instant après le foudre, cédant sous le double effort des deux captifs, s'effondrait en larges éclats, et nos amoureux délivrés pouvaient regagner leur lit respectif, protégés par l'invisible Dieu que maudissent les pères confiants et les maris trompés.

Le lendemain, le magister Blasius demandait un entretien particulier à M. le maire.

— Ah! fit celui-ci en demeurant, trois pleines minutes, la bouche ouverte. Et il fit demander. les registres de recensement.

Le surlendemain M. le maire alla trouver, mystérieusement, le lieutenant de gendarmerie.

— Ah! refit celui-là en laissant tomber dans sa barbiche la prise qu'il dirigeait vers son nez. Et il se fit apporter le registre de recrutement.

Puis, tous deux se rendirent en tapinois chez maître Grégoire à qui ils demandèrent pardon d'avoir à l'entretenir d'un sujet délicat.

Puis ils parlèrent.

— Ah! s'écria le forgeron. Et, prenant ses deux interlocuteurs pour deux fous, il les enferma à double tour dans sa forge en appelant du secours. La maréchaussée accourut, délivra les autorités et l'emmena lui-même en prison à Chinon. Après trois mois de prévention, dus à la mansuétude du juge d'instruction, il apprit qu'il était poursuivi sous deux chefs principaux : Dissimulation du sexe d'un enfant dans le but évident de le soustraire au service militaire, et rébellion contre des agents dans l'exercice de leurs fonctions. Sa condamnation ne fit pas un pli, grâce à la déposition circonstanciée de Blasius, et il avait déjà subi deux ans de sa peine quand la malheureuse Baptistine, — qualifiée de Baptiste sur les registres rectifiés de l'état civil — fut traînée au conseil de revision. Là, nouvelle surprise ! Ce Blasius avait menti comme un chien ! Le chirurgien-major et M. le préfet, qui étaient gens du meilleur monde, s'excusèrent, de fort bonne grâce, de leur indiscrétion. Tout porte à croire que Grégoire, reconnu innocent, sera l'objet d'une de ces mesures de clémence que le chef de l'État ne saurait réserver exclusivement aux coupables. En attendant, il est ruiné et Jérôme épouse sa fille, ce qui épouvante Blasius, lequel ne comprend rien encore à ce qu'il a vu, et se croit sujet à des hallucinations.

PORTE-BONHEUR

— Je te donne à deviner en dix, Bobonne, à quoi notre ami Jacques s'occupe maintenant.

Madame Laripète, qui avait conservé un bon souvenir à celui dont lui parlait son époux, répondit le plus simplement du monde :

— Ma foi, non, mon ami.

— Eh bien ! Revenu des amours légères qui ne lui ont valu que des ennuis...

— Qu'est-ce que vous en savez ? interrompit aigrement la commandante.

— Je le suppose puisqu'il y a renoncé. Jacques, dis-je, s'est absolument voué à l'étude.

Il travaille depuis trois ans à un grand dictionnaire dont chaque mot est longuement médité avant d'être défini.

— Et il est fort avancé dans ce travail ? demanda l'amiral Lekelpudubec.

— Il n'en est encore qu'à la lettre C et tout au commencement. Car, au moment où je suis entré, voici la phrase qu'il achevait d'écrire : « CABINET. — Réunion de ministres où l'on va se soulager le ventre et où l'on met les vieux papiers. »

— Pouah ! fit la commandante.

— Ne faites pas tant la sucrée, chère madame, reprit Lekelpudubec. Vous n'avez donc pas lu la grande nouvelle ?

— Quoi donc ?

— Eh bien, un professeur de l'Université vient de publier un Rabelais pour les lycées de demoiselles.

— Allons donc ! dit Laripète.

— Je vous le jure, mes amis ; ce qui n'empêchera pas d'ailleurs les membres de ce docte corps de continuer à se moquer des jésuites altérant les textes de Racine et de Molière pour en faire jouer les pièces à leurs élèves.

— Morbleu ! je voudrais bien savoir comment s'y est pris ce pédagogue pour rendre congru à l'esprit des demoiselles le fameux chapitre où Gargantua devine le génie de son fils à l'invention d'un...

— Ce n'est pas moi qui te le dirai. Car, plutôt que de lire, dans ce texte abominable, le plus savoureux de nos écrivains, le plus mâle et le moins fait pour être accommodé à la Fulbert de cette façon, j'aimerais mieux recommencer à bêcher le jardin des racines grecques. Cet admirable chapitre dont tu parlais ! Tiens ! il me rappelle toujours une aventure exotique à laquelle je fus mêlé.

— Contez-nous ça, amiral, dit la commandante.

— C'est que... hum ! hum !... c'est gaulois.

— Allez-y donc ! puisque nous serons élevées maintenant sur les genoux de Rabelais !

— Vous rappelez-vous d'abord, commença l'amiral, le capitaine de vaisseau Flairemont d'Herrières ?

— Parfaitement. Le journal de ce matin annonce précisément son mariage.

— Et qui donc épouse-t-il ?

— Attends! La feuille est encore là — une veuve. Ah! voici : la veuve Pétaud, née Desjean.

— Nom un peu bourgeois; une grosse fortune, sans doute. Cet animal de d'Herrières! Quelle triste fin et prosaïque pour un Antony! Car c'est lui dont je vous veux raconter une histoire d'amour. En voilà un qui les a aimées, les femmes! Toujours trahi et jamais guéri. Toujours en colère ou en extase! Des anges, puis des démons! Sans cesse ballotté entre le ciel et l'enfer. Les adorant toutes jusqu'à ce qu'il les exécrât. Oui, toutes! et il y aurait eu une sixième partie du monde qu'il eût été y faire des sottises certainement.

— Noble nature! interrompit la commandante.

— Mais, déplorable compagnon! poursuivit Lekelpudubec. Il fallait avoir toujours le gilet ouvert pour y recueillir, dans l'intimité de la flanelle, ses larmes ou ses confidences. Ce que je me suis enrhumé de fois à cet exercice! Mais il s'en moque maintenant. J'ai un catarrhe et lui il épouse les millions de la veuve Pétaud, née Desjean! Tous de la chance les camarades!

Il n'y a que moi ! Enfin ! je reviens à mon d'Herrières.

— Et vous faites bien, reprit affectueusement madame Laripète. Car nous l'aimons déjà.

— Vous êtes trop bonne. A votre service ! Nous partions pour je ne sais quelles îles océaniennes. Il était alors lieutenant. Une maîtresse venait de le tromper indignement. Il voulait aller mourir au loin, sur une plage inconnue, en murmurant le nom de l'infidèle. Il avait de ces idées-là. Il avait gardé comme une relique la dernière lettre de cette drôlesse. Je me la rappelle encore tant il me l'a souvent relue : « Mon petit homme, j'ai un vieux qui me fait une position. Adieu. Je t'adore. Ta fidèle Victoria. » Comme c'était touchant ! Eh bien ! il sanglotait comme une gouttière obstruée en redisant chacun de ces mots passionnés. Non ! on n'a jamais vu quelque chose d'aussi godiche que ce d'Herrières. Ce qu'il m'ennuyait lui et sa lettre qu'il trimbalait toujours sur son cœur ! En voilà une traversée que je n'oublierai de ma vie ! enfin nous arrivons à destination. Des îles comme toutes les îles, — entourées d'eau particulièrement. Mais une population très spéciale.

Des tribus à la fois très belliqueuses et très hospitalières; des gens bienveillants, mais fort susceptibles! Aimables, mais chatouilleux sur le point d'honneur. Une race très chevaleresque, ma foi, pleine de sérieux, de religion et de vertu.

— Écoutez un peu mon d'Herrières, poursuivit l'amiral.

— Volontiers, fit la commandante, car nous allions l'oublier.

— N'est-ce pas qu'elle est belle? me dit-il. N'est-ce pas qu'elle est la plus belle des femmes et que j'ai raison de l'aimer à jamais? Ah! vivre à ses genoux et mourir ensuite à ses pieds, brûlé par le feu de ses regards! etc., etc.

Il y avait une demi-heure qu'il me rasait, en pleine campagne, avec cette littérature-là. Celle dont il était à ce point épris était tout simplement la fille d'un puissant chef de tribu, et il avait demandé sa main, le jour même, à son glorieux père. Car si votre veuve Pétaud, née Desjean, s'imagine avoir eu les prémisses matrimoniales de son d'Herrières, elle se trompe vigoureusement. Cet animal avait la manie du mariage... hors de France, bien entendu, parce que, une fois rentré dans la patrie, ces mariages-là ne comptent plus. C'est une prime donnée à la bonne foi dans les relations internationales.

— Et Victoria ? lui dis-je, pour arrêter par une douche ce débordement lyrique.

— Victoria ! s'écria-t-il avec fureur, une courtisane ! une femme sans cœur ! un peu grêlée, avec cela ! Ah ! je ne l'ai jamais aimée !

— Et sa dernière lettre ? continuai-je. Il tira le papier de sa poche avec dégoût et allait le déchirer en mille morceaux, quand une réflexion lui vint. Nous avions mangé chez son futur beau-père un ragoût de kanguroo, exquis, mais qui nous était resté quelque peu sur l'estomac. C'était même ce qui nous avait décidés à faire, après le repas, une promenade hygiénique autour des remparts de la ville (humbles remparts de terre protégeant une centaine de huttes); car les Anglais n'étaient pas encore venus apporter dans cet heureux pays ces sièges digestifs auxquels ils ont donné leur nom, et qu'ils qualifient fastueusement, dans les écrits diplomatiques, de « bienfaits de la civilisation ». Je m'expliquai donc, en fredonnant une barcarolle populaire, la prudence de mon lieutenant, tout en hésitant à croire qu'il pousserait le cynisme jusqu'à profaner par le dernier des outrages (mettons que le viol n'est que l'avant-dernier) l'écriture de mademoiselle Victoria. J'avais tort. Cinq minutes après, il me quittait un instant, dans des intentions de solitude qui ne permettaient aucun doute. Quand il revint, léger comme un sylphe, la fameuse lettre n'était plus entre ses mains.

— Croyez donc à l'amour des hommes? murmura mélancoliquement la commandante.

— Au moins, murmura Laripète pour faire son érudit, les fiers Sicambres se contentaient de brûler ce qu'ils avaient adoré.

Tout se préparait pour des noces somptueuses le lendemain, les noces de la fille du puissant chef de tribu avec ce sacré d'Herrières. C'était un ronronnement épouvantable de tambourins et un effroyable cliquetis de crécelles dans toutes les huttes. Mais au moment où, vêtu de son magnifique uniforme, mon lieutenant se disposait à aller chercher sa belle fiancée, une façon de grand-prêtre, le Calchas de la nation, l'aborda avec une solennité sévère : — « Étranger, lui dit-il, devant le seuil du chef vénéré dont tu souhaites l'alliance, nous avons trouvé ce matin un grimoire mystérieux qui nous fait tout l'effet d'un maléfice jeté par toi. »

Et comme mon camarade, inquiet, ne savait que penser, le bonze, avec une dignité farouche, lui tendit, méconnaissable et froissée, la lettre de Victoria qu'un vent capricieux (un vent du ciel, s'entend) avait roulée sans doute jusqu'à la porte de son futur beau-père.

Nous faillîmes éclater de rire tous les deux, mais la plus vulgaire prudence nous faisait un devoir de répondre sérieusement à un personnage de cette importance. C'est moi qui pris la parole :

« Homme des dieux, lui répondis-je, combien tu te trompes ! Dans nos coutumes françaises, une idée de bonheur s'attache, au contraire, à la rencontre d'objets de la nature de celui que tu nous apportes, et c'est grand signe de chance quand on met le pied sur l'un d'eux en quittant sa porte.

— Me le jures-tu, sur les saintes croyances et l'os bertrand de ton aïeul paternel ? me demanda d'une voix émue ce prélat océanien.

— Je te le jure, » repris-je, sûr de ne pas commettre un sacrilège, puisque je lui disais la vérité.

Alors, il prit dans ses bras ce gredin de d'Herrières, et, l'appelant son fils bien-aimé, s'excusa de l'avoir un seul instant soupçonné d'un procédé douteux. Le cortège se remit en route et l'hyménée eut lieu avec un extraordinaire éclat. Un second ragoût de kanguroo nous fut servi, et je remarquai que tout le monde autour de nous mangeait, avec une véritable affectation d'avidité, d'énormes quantités de ce plat savoureux, mais certainement purgatif.

C'est le lendemain matin seulement que nous pûmes apprécier ce que ce faux appétit comportait d'attentions délicates à l'endroit des nouveaux époux.

Quand, après une nuit d'ivresses légitimes, ils voulurent franchir le seuil de leur hutte pour aller soupirer une idylle dans les champs, ils se heurtèrent à une véritable barricade de petits papiers dressée à leur porte par la sollicitude de leurs parents et amis. Tous ces petits papiers, soigneusement paraphés comme l'avait été la malheureuse lettre de Victoria, étaient, dans l'intention de leurs généreux donateurs, autant de porte-bonheur mis sur le chemin du jeune ménage. Il en retrouva de pareils tout le long de sa promenade amoureuse, que le zéphir lui balançait sous le nez, comme de beaux papillons aux ailes diaprées.

A son retour, le grand-prêtre en apporta, dans une châsse, un gigantesque (un numéro du *Times* tout entier) que le clergé de la tribu s'était complu à historier lui-même. Le jour suivant, les petits cadeaux recommencèrent et le pauvre Flairemont d'Herrières fut obligé de quitter furtivement le pays pour échapper à ces ovations... j'allais dire « manuscrites »; mais, si c'est le mot propre, ce n'est pas le vrai mot.

— Emmena-t-il au moins sa jeune femme? demanda la commandante.

— Pas si bête! répondit cyniquement Laripète.

BONNE FORTUNE

— Deux couverts sur la table et des fleurs au milieu ! C'est bon, je me retire.

— Restez donc, Blanc-Minot. J'attends une femme, il est vrai, mais je n'en serai pas moins heureux de vous donner à déjeuner... à la condition que vous partiez au dessert.

— Toujours aimable, Jacques. Mais je ne sais vraiment si je dois...

— As-tu fini, grosse bête ! Ah çà ! pourquoi ne nous tutoyons-nous plus comme à Saint-Cyr ? Nous avons passé notre jeunesse à communier sous toutes les espèces, y compris celles de la commandante Laripète, et nous n'avons pas de secrets l'un pour l'autre, je suppose.

— Tu as raison, mon vieux. Je reste. Et à propos, as-tu des nouvelles du commandant ?

— Mauvaises. Je crains sérieusement que le retour d'âge de sa femme ne lui soit fatal.

— Comment ça ! A Laripète ?

— Le vide se fait autour de lui et toutes ses habitudes sont bouleversées. On ne change pas de façon d'être impunément à son âge. C'est un temps critique pour les cocus que celui qu'il traverse.

— D'autant qu'il l'était si profondément ! Dieu ait son âme. C'était un fichu militaire, mais un parfait Sganarelle.

— A qui le dis-tu ! Mais parlons un peu de nous, Blanc-Minot. Toujours heureux en amour ?

— Oui, parlons-en ! Je continue à perdre aux dominos, mais c'est tout ce qui me reste de ma chance.

— Tu te calomnies.

— Non, mon ami. J'ai la guigne, et si je te racontais ce qui est en train de m'arriver...

— Tu m'obligerais infiniment. D'abord ce serait une marque de confiance.

— Au fait, en attendant qu'arrive la dame

pour qui ta maison fleure la truffe et qui effeuillera ces roses dans le champagne, je puis bien te mettre au courant de mon embarras. Tu me donneras un conseil.

— Cent, si tu veux. Seulement, je ne te promets pas qu'il y en aura un seul de bon. Tout ce dont je puis t'assurer, c'est qu'ils seront contradictoires.

— Tant mieux ! J'aurai le choix.

Et Blanc-Minot continua comme il suit :

— J'allais à Versailles, il y trois jours précisément. Simple fantaisie de voir à quoi les dieux de bronze passaient leur temps dans les bassins depuis que les députés ne leur tiennent plus compagnie. Car enfin une société embêtante est encore une société. Nous étions quatre dans mon compartiment, deux messieurs qui avaient l'air très comme il faut et une femme charmante, ma foi ! J'avais eu la bonne idée de choisir mon coin vis-à-vis du sien, ou plutôt c'était elle qui avait semblé préférer mon voisinage à celui de nos compagnons de route. On est toujours flatté de ces petites attentions-là. Une brune avec des yeux miraculeusement brillants, de belles lèvres sensuelles, je ne sais quoi de voluptueux dans les moindres mouvements et poussant, par instants, des soupirs dont on eût pu gonfler des petits ballons pour les enfants. Infiniment de galbe et beaucoup de tenue avec cela : une personne du meilleur monde certainement. Sa toilette de bon goût ne laissait, à cet égard, aucun doute ; une toilette sombre, relevée çà et là par une note de couleur gaie. De jolies mains effilées sous leurs gants de Suède trop larges. Il y a deux tunnels considérables dans le trajet. Au premier, il me sembla qu'elle me pressait imperceptiblement le soulier avec sa bottine de fin chevreau. Au second, je ne pus me dissimuler qu'elle me piétinait absolument de la façon la plus engageante. J'ajouterai que, de temps en temps, elle levait sur moi des regards de bienveillance qui me faisaient passer des frissons partout. Après tout, comme dit le proverbe, on n'est pas de bois...

— Ni de fer, non plus, interrompit Jacques. Mais poursuis, mon compagnon. Ton aventure m'intéresse. Nous pourrions cependant décortiquer quelques crevettes, tout en causant. Car celle que j'aime est déjà en retard d'une bonne heure et l'attente ne nourrit pas. C'est ça !

quelques crevettes et un verre de vin du Rhin.

S'étant légèrement restauré, Blanc-Minot reprit :

— Je me gardai bien de lui parler, en présence des deux messieurs comme il faut. Ce sont façons de commis-voyageur qui ne sont pas les miennes. Mais quand nous fûmes arrivés à Versailles, je laissai filer les deux inconnus et attendis à la portière, pour aider cette belle personne à descendre, en lui tendant gracieusement la main. A la pression lente et significative de ses doigts, je sentis s'accroître mon audace et je lui offris le bras. Elle le prit, toujours silencieuse. Un fiacre nous reçut et j'invitai le cocher à nous conduire au bois de Satory. Notre embarras était égal pour engager la conversation, mais ce fut un moment délicieux tout de même. Le charmant abandon de ma compagne dans la voiture me permit quelques explorations timides encore autour de sa personne, mais pleines de promesses. Comme autrefois Colomb, je touchais à une terre bénie des cieux. Soudain, d'une voix mélodieuse comme un harmoniun de poche :

— Qu'allez-vous penser de moi? me dit-elle.

Je lui affirmai, comme c'est la coutume, que j'en allais penser un bien infini, que rien ne prouvait mieux sa vertu que cette aventure ; car il n'est point de bonne règle sans exceptions… et autres balivernes qui parurent la rassurer.

— C'est que jamais je n'ai éprouvé ce que j'éprouvai tout à l'heure en vous regardant, continua-t-elle avec des tintements de cristal dans le gosier.

Cette phrase m'inspira quelque méfiance. M'allait-elle apprendre que je ressemblais à son grand-oncle ou même à un autre amant qu'elle aurait eu, confidence que les femmes ne vous épargnent jamais et qui est essentiellement désagréable ? Car le métier de doublure est encore plus malplaisant au lit que sur la scène. Mais elle ajouta, ce qui me ravit définitivement de joie : — Jamais, je n'ai rencontré un homme qui m'ait fait une impression semblable. J'étais anéantie, vaincue, prête à vous suivre au bout du monde ! » Je scellai d'un baiser passionné sa bouche sur ces consolantes paroles. Ses lèvres me le rendirent et le reste de la promenade se passa en délicieuses inconvenances.

— Passe ! Passe ! dit Jacques, et songe que je suis à jeun.

— Quelques heures après, continua Blanc-Minot, nous étions installés à l'hôtel des Réservoirs, après un excellent petit dîner en tête-à-tête. C'était comme un rêve, n'est-ce pas ? A peine m'en réveillai-je quelquefois, quand elle s'écriait : « Ah ! mon Dieu, si mon mari savait ! avec un accent d'indicible angoisse.

— Mâtin ! s'il fallait s'occuper des maris maintenant ! objecta cyniquement Jacques. Théophile, servez les perdreaux. Je ne saurais attendre davantage.

Tout en déchiquetant son aile, Blanc-Minot reprit son récit :

— Nous nous étions séparés de grand matin et je passai toute la journée d'hier à me souvenir délicieusement des heures écoulées. La nuit exquise ! Une chaîne de caresses se déroulant sous le tiède parfum des baisers. On m'avait promis de m'écrire et j'attendais absolument une lettre par le premier courrier d'aujourd'hui. Un coup de sonnette retentit chez moi à huit heures, et mon domestique m'apporta une carte, celle d'un monsieur qui tenait, disait-il, absolument à me parler de suite. Sur cette carte je lus : *Carl Bernard*, et au-dessous : *Ancien lieutenant de vaisseau.* Le nom m'était parfaitement inconnu, mais nos officiers de marine sont gens assez distingués pour que leur seule qualité leur ouvre toutes les portes. — Faites entrer, dis-je.

Un monsieur fort bien entra. Physique loyal et grands favoris encadrant un mâle visage. Je lui demandai, avec infiniment de déférence, ce qui l'amenait chez moi. — Monsieur, me dit-il, vous êtes allé, n'est-ce pas, il y a deux jours, à Versailles, par le train de deux heures trente? — En effet, monsieur, mais en quoi...? — Permettez. Une dame de noir vêtue, ayant une fleur rouge à son chapeau, était dans le même compartiment que vous, n'est-il pas vrai? — Pardon, monsieur, mais je ne m'occupe pas de mes voisins en chemin de fer et... — Et cependant vous avez accompagné cette personne à l'arrivée du train; vous avez fait une longue promenade avec elle et vous êtes descendus ensemble à l'hôtel. — C'en est trop, monsieur, et je n'ai pas de comptes à vous rendre. Si c'est tout ce que vous avez à me dire, je vous ordonne de sortir à l'instant ! — Je suis le mari de la personne en question ! me dit lentement M. Carl Bernard, sans s'émouvoir de ma colère... Je repris mon calme aussi pour lui répondre : — Eh bien, alors, monsieur, je suis à vos ordres.

L'ex-marin eut un sourire d'une indéfinissable ironie : — Ce n'est pas votre vie que je viens vous demander, monsieur, poursuivit-il en me regardant bien en face. On ne tue pas et on ne se fait pas tuer pour un cas pathologique. Madame Bernard est atteinte d'une affection qui a un nom en médecine et qui la rend absolument irresponsable de ses infidélités. J'ai le regret de vous apprendre, monsieur, que vous avez eu affaire à une simple nymphomane. Voilà des années que je ne puis garder, à la maison, ni un valet de chambre, ni un cocher, ni un jardinier. Autant de Joseph livrés à Mme Putiphar. Parfaitement décidé à demander ma séparation, j'attendais que mon honneur fût vilipendé d'une moins ridicule façon, en d'autres termes, qu'elle me fournît une aventure plus avouable que ses familiarités pour mes laquais, à invoquer publiquement devant la justice. Aussi la faisais-je suivre et vous êtes-vous trouvé à point, monsieur, pour me procurer ce grief dont j'avais besoin. Je ne voudrais pas vous flatter, mais vous êtes un homme du monde, un garçon de belle tournure et que l'on peut se voir préférer sans une trop grande humiliation. Vous étiez mon type, monsieur, je vous le dis franchement.

— Vous êtes trop bon, répliquai-je. Mais qu'attendez-vous de moi ? — Un témoignage loyal, monsieur, quand je vous ferai citer comme témoin dans l'enquête.

Et, m'ayant salué avec infiniment de dignité, M. Carl Bernard sortit, me laissant absolument abasourdi.

— Voilà une fichue affaire, conclut Jacques, et j'en suis si troublé que je vais demander la fin du déjeuner. Rien ne creuse l'appétit comme une émotion sincère. Pauvre ami ! Ma foi, tant pis pour cette dame inexacte ! Après tout, je ne la connais que d'hier et peut être n'a-t-elle pas pris mon invitation au sérieux.

— Alors, c'est une nouvelle conquête ? demanda machinalement Blanc-Minot.

— Une conquête toute neuve. Mais je me connais aux femmes. Une petite bourgeoise qui fait ses farces et n'a jeté encore que les brides de son bonnet par-dessus les moulins.

— Tu as toujours eu de la chance.

— C'est qu'aussi, mon pauvre Blanc-Minot, je n'y vais pas, comme toi, à la façon d'un véritable hurluberlu. Je regrette de te le dire, mais tu n'as vraiment que ce que tu mérites. Est-ce que les avances manifestes de ta voyageuse n'auraient pas dû te mettre en méfiance ? Tu es gentil, mon cher, mais tu n'es pas foudroyant. Il ne faut pas te monter la tête et croire que les alouettes vont tomber toutes rôties.

— C'est vrai, pensa douloureusement Blanc-Minot.

— On ne se jette pas comme ça tête baissée dans les aventures et sans connaître le terrain, poursuivit Jacques en sapant un pâté de foie gras. Ta situation est la plus déplorable du monde ; car ta conscience t'impose le devoir de parler et la galanterie la plus vulgaire te le défend. De quelque côté que tu te tournes, tu commets une vilaine action. Tu refuses à un homme d'honneur de le servir ou tu trahis celle qui t'a tout donné. Mais comment te plaindre ? Tu as confectionné toi-même le pétrin où tu t'abîmes. Ce lieutenant Carl Bernard est digne de toutes les sympathies. Tu seras conspué à l'audience, mon pauvre garçon, conspué et traîné dans la boue.

— Ah! mon Dieu! soupira Blanc-Minot en ingurgitant une truffe.

A ce moment, un coup de sonnette retentit.
— Enfin! dit Jacques.

— Mon ami, pardonnez-moi d'être si en retard.

Ce son de voix fit retourner brusquement Blanc-Minot qui faillit tomber à la renverse. La dame qui venait d'entrer rougit jusqu'au blanc des yeux en le voyant, mais reprit son aplomb bien vite.

— Je te quitte, mon cher Jacques, fit Blanc-Minot en se levant.

Jacques ne le retint pas; mais, en le reconduisant dans le vestibule, il fut frappé de son air embarrassé. — Est-ce que tu la connais? fit-il à son ami.

— Mon pauvre garçon, répondit Blanc-Minot. Eh bien! c'est elle!

Et il sortit, laissant Jacques stupéfait. A la porte, il aperçut deux messieurs, très comme il faut, qui faisaient le guet, et, en tournant la rue, il se trouva face à face avec M. Carl Bernard. Celui-ci vint à lui :

— Jeune homme, fit-il, j'espère maintenant vous éviter le désagrément dont je vous ai menacé ce matin. Votre ami, M. Jacques Moulinot, me convient encore mieux que vous.

— Pauvre Jacques! pensa Blanc-Minot qui était une bonne nature.

ÉDIFIANTE HISTOIRE

— « Croissez et multipliez ! » a dit la sainte Ecriture. Eh ! mon Dieu ! ne dirait-on pas qu'il n'y a qu'à vouloir pour cela ! Je crois encore, à l'occasion, aussi bien que quiconque : mais quant à multiplier, bernique ! Longtemps avant d'en avoir l'âge, ma femme est plus inféconde que Sarah. Quant à souhaiter qu'un ange ou une colombe vienne mettre fin à cet état, c'est autre chose. S'il doit y avoir miracle, j'aimerais, en principe, que ce fût uniquement par mon intervention. Mais je n'en suis pas moins bien mélancolique en pensant à la désastreuse vieillesse que me préparent l'inanité de mes efforts et l'incurable stérilité de ma chère Éva.

Ainsi se lamentait le révérend pasteur Josuah Smith sur l'absence absolue de postérité dont l'accablait le destin. Et, comme il n'était pas dans sa nature de s'abandonner exclusivement aux raisons de sentiment :

— Si encore, ajoutait-il, mon animal de confrère David Jackson n'avait pas fait à sa femme une portée de moutards dont ma solitude est humiliée ! Les enfants coûtent cher à élever, mais, dans notre saint état, ils rapportent bien davantage encore. D'abord c'est un petit noyau d'auditeurs forcés sur lesquels on essaye le pouvoir somnifère de ses sermons. Puis, une sorte de respect bête, de considération stupide s'attache aux chefs des familles nombreuses, comme si, dans la nature, les animaux les plus nuisibles, comme la puce et le rat, n'étaient pas précisément les plus prolifiques. Ce David Jackson ! aucun talent ! aucune componction ! un esprit évangélique des plus bornés ! Demandez-lui un peu une homélie, et vous verrez ce qu'il vous servira ! N'empêche qu'en le voyant entouré de ses marmots, tout le monde et les femmes surtout lui témoignent une vénération singulière, au point que je ne puis soutenir la concurrence avec lui. Oh ! les femmes, en religion ! Elles sont là un tas de mijaurées qui dépensent leur avoir à gorger de bonbons et de douceurs de toutes sortes ces petits Jackson ! Qui s'en régale ? Jackson lui-même et sa productive moitié.

Et, dans son indignation sur l'inégalité des fortunes, le révérend Josuah Smith frappa un si grand coup sur sa table de travail que sa chère Éva accourut toute tremblante.

Je ne vous ai pas décrit la longue asperge noire qui aurait le mieux donné une idée du révérend Josuah. Un tel portrait n'avait rien qui vous pût séduire. Mais je veux vous ébaucher celui d'Éva que, pour ma part, j'eusse aimé infiniment mieux avoir au-dessus de mon lit. Blonde comme un bouleau d'automne, souriante et grassouillette à l'envi, avec des yeux bleus grésillés par le désir et une bouche un peu charnue et faite comme un nid à baisers, c'était une créature visiblement ardente, mais parfaitement étrangère aux philosophiques préoccupations de son mari. Je ne sais quel malotru a dit que « des enfants, il n'aimait que la façon ». De vous à moi, madame Smith était absolument de cet avis, et l'amour lui suffisait sans y adjoindre le souci de la perpétuité de l'espèce. Et pourtant Dieu qui fait souvent des choses inutiles, — les jours où il travaille, par exemple, pour les artistes, — avait pris un singulier plaisir à modeler les hanches de cette insouciante personne suivant les rythmes harmonieux de l'amphore antique, et si ce beau vase demeurait vide, ce n'était pas qu'il manquât de capacité. Mais la beauté ne vaut-elle donc pas autant que l'utilité pour justifier toutes choses? Ainsi le pensait Éva et le pensai-je avec elle. Et quand je rencontre quelqu'une de ces femmes opulemment dotées de tout ce qu'il faut pour... écrire, le diable m'emporte si je me dis : Voilà un beau papier pour y tracer des faire part de naissance ! Je laisse cette réflexion bureaucratique aux plumes sans fantaisie.

— Qu'avez-vous, mon ami? n'en demanda pas moins cette excellente femme, en entrant dans le cabinet de son mari, attirée par le coup de poing que j'ai dit plus haut.

Et le révérend Josuah Smith lui conta l'objet de sa colère et ajouta :

— Je veux aller faire une visite à cet âne bâté

de Jackson, à ce prolifique animal, et je lui extirperai bien son secret pour faire tant de petits chrétiens à son image. Je m'y rends sur l'heure même; car vous savez, ma mie, que je pars demain pour une série de prédications qui me retiendront, à mon grand regret, plusieurs jours et autant de nuits hors de la maison.

— Ce sont les nuits surtout qui sont longues, répondit mélancoliquement Éva, parce que les jours passent assez bien encore à faire des gammes et à tricoter des bas pour vous.

Josuah la serra dans ses longs bras de gorille perfectionné et sortit, pendant que sa femme haussait légèrement les épaules en le regardant partir.

Je ne sais rien de plus innocent en ce monde que la conversation de deux personnes légitimement mariées. Car, entre autres beautés plastiques et sociales, le mariage a ce privilège que tout ce qui serait inconvenant entre simples amants devient éminemment édifiant et congru entre époux. Et je le comparerais volontiers, pour cette vertu, à cette belle sauce brune qui, chez les restaurateurs, dissimule sous un parfum de truffes vague, la saveur douteuse des viandes réparées et des graisses vieillies. Je n'éprouverai donc aucun embarras à vous conduire dans la chambre nuptiale du ménage Smith ; d'autant qu'Eva en a fait, en personne avisée, un des plus jolis nids d'amour honnête qui se puissent concevoir. Elle a bien dû, suivant le pieux usage des pasteurs, faire inscrire aux murailles de bibliques versets et de religieux conseils ; mais elle a su les choisir dans une gamme aimable et riante. C'est ainsi qu'au-dessus du lit, coquet et voluptueux comme un lit d'amoureux, on lit ce sage précepte : « Fais le bien tous les jours ! » A l'heure où nous surprenons leur matrimoniale causerie, nos amis sont couchés et la veilleuse de verre dépoli pendue au plafond les enveloppe, eux et tout ce que contient la pièce, d'une lumière d'opale fort incitante aux douces rêveries. N'oubliez pas, d'ailleurs, que le révérend Josuah part demain pour évangéliser *extra muros* de sa maison, ce qui justifie bien un peu d'abandon dans le discours, d'abandon et de décousu.

— Ah ! mon Dieu, mon ami, seriez-vous souffrant ? s'écrie Éva tout à coup, sur le ton du plus sincère désespoir ?

— Non, ma chérie, un instant seulement.

Un joli petit grognement de femme colère et désappointée retentit dans le silence conjugal. Puis un peu plus tard :

— Me direz-vous, maintenant, monsieur, reprend la voix d'Eva, vibrante de fureur concentrée, ce qui vous a pris ?

— Certes, ma bien-aimée, je vous le dirai. Le révérend Jackson, mon odieux confrère, s'est laissé parfaitement tirer les vers du nez, et je sais maintenant son secret pour avoir des enfants à couches que veux-tu ?

— Vraiment ! et quelle est cette belle recette ?

— Ma piété aurait dû la deviner depuis longtemps. Elle consiste simplement à sanctifier l'acte auquel on les demande par une courte prière. Je n'avais pas encore l'habitude, et j'ai un peu ânonné. Me pardonnez-vous ?

— De grand cœur, répondit sèchement Éva.

Le révérend Josuah Smith est revenu chez lui après huit jours de missionnariat à l'extérieur ; il est même revenu bredouille, les âmes manquant absolument de préparation dans ce siècle positif. Mais il s'en console en pensant aux douces heures d'amour que lui garde son Éva, la joie du retour. L'accueil de celle-ci lui a bien paru un peu froid, mais la nuit est venue, et tous deux bras dessus, bras dessous, lestés d'un repas délicat que de bons vins de France ont arrosé, se dirigent vers la chambre nuptiale. Un changement frappe les yeux de Josuah dès son entrée. A la veilleuse a succédé un véritable lustre de cuivre, d'un goût sévère, tel qu'on en voit dans les vieilles églises flamandes. A la clarté des cierges qui y flambent, le révérend Smith s'aperçoit rapidement que la pièce a été désornée de toutes les coquetteries qui y sollicitaient naguère leurs humaines tendresses. Plus rien de ces parfums féminins qui grisent par avance, mais une fade odeur de sacristie. Les meubles sur lesquels s'étaient signés tant d'armistices, après d'aimables escarmouches, ont fait place à des chaises d'un dessin correct, mais navrant de simplicité. Pour le coup, c'est le bouquet! Le lit réduit à un simple cadre de bois surmonté, à la tête et aux pieds, d'une façon de prie-Dieu, et dominé, en manière de ciel, par un dôme polygonal pareil à celui des chaires évangéliques. Et, comme hébété d'étonnement, fou de désappointement, il regarde sa femme, celle-ci, railleuse, lui montre, du bout du doigt, cette inscription qui a fait place à l'ancienne, au-dessus de la couche métamorphosée en oratoire : « Il y a temps pour tout ! »

LA BONNE MÉNAGÈRE

Mon Dieu, que j'en ai assez de nos mœurs citadines et de la babylonéenne corruption qui fait nos grandes villes pareilles à de honteuses plaies ouvertes au flanc du monde et que d'impures vermines emplissent de leur fourmillement! Ne sentez-vous pas, comme moi, mon amour, le besoin d'un air moins vicié, d'une atmosphère morale moins lourde, et ne vous plairait-il pas que nous allions respirer aux champs, dans quelque bon coin de nature idyllique comme une page de Théocrite, le divin Syracusain? Hélas! le Printemps n'a pas encore empli de ses flèches dorées le carquois vide du Soleil, ni ranimé les verdures de ses larmes vite séchées, ni ensanglanté les haies de mûres aux blessures divines de ses pieds vermeils, ni délivré l'aile engourdie des papillons, ni battu la mesure aux rossignols, ni semé de turquoises la course des ruisseaux, ni vêtu les pommiers d'hermine rose, ni révélé le cœur de miel qui se cache dans la blancheur des lis, ni sonné le réveil de toutes les grâces féminines. Les violettes n'ouvrent pas encore leurs yeux inquiets pour regarder les amoureux qui passent, et les clochettes des muguets ne tintent pas la messe silencieuse où se plaît la dévotion des cœurs épris. L'immortelle résurrection n'a pas ranimé les feuillées aux membres noirs des arbres, et l'âme des parfums n'est pas encore venue baiser les lèvres des fleurs. L'âpre hiver souffle encore ses colères humides à travers la plaine sans parure, et le vol des corbeaux écrit seul, en notes noires, sur la page grise du ciel, la fantastique partition qu'exécutent les vents déchaînés et les flots gémissant sous leur fouet. Partons, cependant, ma mie. Car, en ce temps-ci même, le spectacle de l'innocence paysanne réjouit encore le cœur, devant que les yeux soient charmés. Cherchons le village où l'antique candeur fleurit même quand les roses sont fermées. Et, durant la route, je vais vous conter quelqu'une de ces histoires naïves dont la campagne fut le théâtre et qui vous aidera à oublier déjà les fâcheuses splendeurs du vice parisien et les ordurières gaietés du boulevard.

Quand Suzette épousa Blaise, — il y a bien trois mois de cela et quelques jours peut-être, — on peut dire qu'elle ignorait, de tous les devoirs du mariage, celui que les libertins regardent comme l'essentiel. Telle était la pureté de son imagination et telle la profondeur charmante de sa bêtise qu'aucune des expériences maintes fois répétées, devant elle, par de complaisants pigeons, par d'instructifs lapins, voire même par les béliers et les taureaux bénévoles, au temps des printanières fureurs, ne l'avait mise sur la voie du mystère que les jeunes filles aiment à éclaircir. Elle continuait à croire que les enfants naissaient dans des potagers, les futurs beaux hommes sous des choux cabus et les nains à venir sous des choux de Bruxelles. Aussi n'épluchait-elle jamais l'un ou l'autre de ces légumes sans prendre d'excessives précautions de peur de blesser quelque innocent ou, ce qui eût été plus cruel encore, de le faire cuire autour d'un morceau de lard. Mais alors pourquoi Suzette s'était-elle mariée? Et avec Blaise surtout, ce beau gars de Blaise, aux yeux flambants comme des cierges de Noël, troublants pour les femmes comme une chanson d'amour; avec Blaise dont les matrones ne se lassaient pas de regarder, avec des menus sourires pleins de regrets, les larges épaules, les reins souples et la prestance décidée? Mon Dieu, tout simplement pour être une « Madame » et avoir, à elle, un ménage, c'est-à-dire des meubles quasi neufs, de la vaisselle et une batterie de cuisine, du foin dans son grenier et du vin dans sa cave, tout ce qui, pour elle, en un mot, constituait le bien-être de la femme en puissance d'époux et lui permettait d'humilier les moins riches qu'elle. Car, pour avoir le cœur très pur, on n'en a pas toujours l'esprit plus charitable et, si je n'avais commencé ce récit à la gloire de l'innocence, je ne me gênerais pas pour dire que j'ai connu de franches catins à qui le paradis était mieux dû qu'à de fort honnêtes dames, pour ce qu'elles avaient été meilleures à leur prochain, ce qui est l'essentiel dans la vie.

Mais je vous conjure d'oublier, à la hâte, mon amour, cette déplorable réflexion.

Pénétrons, je vous prie, avec un bandeau sur les yeux, — exemple que nous donne l'Amour — sous les rideaux qui abritent, de leur serge à ramages rouges et bleus, le bonheur des nouveaux époux, au sortir du repas de noces. Remarquez qu'il ne s'agit pas ici de concubins, ce qui rendrait notre indiscrétion tout à fait dégoûtante, mais de gens qui viennent de contempler face à face le ventre tricolore d'un maire et le dos vêtu de moire blanche brodée d'or d'un curé, ce qui transforme notre curiosité en désir noblement instructif et en légitime souci d'honorer le mariage dans ses moindres détails.

Blaise vient de parler si bas que nous n'avons rien entendu; mais Suzette lui répond très clairement:

— Mon ami, le jeu que vous me proposez là me semble absolument frivole, et nous ferions mieux de songer à ce qui nous manque : des assiettes d'abord, plates et à soupe. Il en faut bien compter vingt-quatre de chaque sorte. Et puis...

Nouveau discours de Blaise également inintelligible.

— Mon Dieu ! que vous êtes peu sérieux, mon cher ! continue Suzette. Laissez-moi donc tranquille avec vos babioles, et récapitulons les objets qu'il faut nous procurer au plus tôt. Nous ne pouvons pas nous contenter d'une seule soupière. Car enfin, si elle se cassait ? Il y a autre chose aussi qu'il faut avoir en double. Avez-vous seulement jeté un regard dans le buffet pour voir tout ce qui y fait défaut? Une saucière, deux plats ronds, un long...

Blaise exhale un nouveau monologue mêlé de soupirs.

— Non ! monsieur ! non ! poursuit Suzette. Si vous continuez, je me lève. Le temps ne nous manquera pas, que diable, pour nous occuper de pareilles bêtises quand nous aurons complété l'ornementation de notre intérieur. Croyez-vous que je puisse vous faire de bons plats avec une seule casserole? Il nous faut une batterie de cuivre complète, mon-ami, avec un moule à tarte, une tourtière, une bassinoire, sans compter le fer battu...

Des sanglots évidents se mêlent à l'oraison, d'ailleurs toujours confuse à l'oreille, de Blaise.

— Ah ! c'est trop fort ! et décidément je saute à bas du lit ! s'écrie Suzette. Si ce n'est pas une horreur d'avoir de telles saugrenuités en tête quand nous ne possédons rien pour faire du boudin et des confitures, rien pour conserver un pâté, rien ! rien ! rien ! Rien de ce qu'il faut à d'honnêtes gens pour être considérés de leurs amis. Ah ! tout le monde me le disait bien qu'en épousant un gars orgueilleux de lui-même, comme vous, j'en verrais de dures ; mais je ne croyais pas que ce fût à ce point de vous voir préférer des indécences à l'honneur de votre ménage !

Et Suzette pleurait à son tour, arrachant ses beaux cheveux blonds et piétinant le parquet de ses jolis pieds nus.

Ainsi se passa la première nuit de noces du pauvre Blaise, lequel avait conservé le droit d'appeler encore le lendemain sa femme : « Mademoiselle ».

Il s'en fut trouver sa belle-mère, dès patron minet, comme on dit là-bas.

— Mon cher gendre, lui répondit celle-ci, qui était une personne extrêmement sensée, il ne me convient point de faire intervenir mon autorité maternelle en pareille occurrence. Ce serait, vous le comprendrez, porter un coup mortel à votre prestige marital; mais je puis vous donner un conseil. Ma fille est douce comme un agneau, mais entêtée comme une bourrique. Maintenant que vous connaissez son faible pour la vaisselle, il vous est bien facile d'obtenir d'elle tout ce que vous voudrez. Car apprenez que la femme, à son âge, est plus volontiers amoureuse de cadeaux que de caresses, et j'en sais qui, à ce point de vue, ne vieillissent même jamais. Aussi devez-vous être ménager, vous-même, dans vos libéralités et les mesurer de façon que ce moyen de séduction vous dure le plus longtemps possible et ne se tarisse pas avant votre désir.

— Précisez, madame, précisez, interrogea Blaise attentif jusqu'à l'anxiété.

— Eh bien, par exemple, et pour commencer, promettez-lui une assiette, une seule, par chaque acte de soumission que vous obtiendrez d'elle. Cela vous donnera de la marge. Ayez soin d'ailleurs de payer immédiatement votre dette. Car la femme est comme l'enfant, et ce qu'elle a souhaité un moment n'est pas pour lui faire longtemps plaisir.

Avouez, ma mie, que cette dame était le bon sens même et, pour une simple paysanne, bien experte aux choses du cœur.

Aussi Blaise suivit-il de tous points son conseil et s'en trouva-t il le mieux du monde. Sa femme était devenue la plus gracieuse qui soit, et l'olivier pacifique eût certainement poussé en pleine terre dans le jardin de ce couple fortuné. Huit jours seulement après cet entretien, la mère interrogea doucement sa fille :

— Mon enfant, lui dit-elle, es-tu contente du mari que nous t'avons donné ?

— Oh ! oui, maman !

— S'occupe-t il bien de la maison ?

— Je te crois ! Il m'a déjà donné quatre douzaines d'assiettes.

L'indulgente dame sourit et dit : Tu n'as pas besoin vraiment d'en avoir davantage.

Retournons, je vous prie, sous les rideaux de

serge aux ramages rouges et bleus, lesquels ont vu tant de choses que le bleu lui-même en est devenu presque rouge. Les époux causent encore ; mais, cette fois-ci, on entend également ce que dit l'un et l'autre :

— Comment, mignonne, tu ne veux pas ?... Quel caprice ?... Pourquoi ?... C'est la voix de Blaise. Et celle de Suzette répond :

— Non ! na ! Ça m'ennuie !
— Comment, ça t'ennuie ?
— Dame ! toujours la même chose !
— Eh bien ?
— Nous avons maintenant bien assez d'assiettes comme ça.

Et d'une voix pleine d'une câlinerie adorable, d'une voix où tintaient les mortelles séductions qui perdirent Troie au temps d'Hélène et Antoine au temps de Cléopâtre ;

— Mon petit mari, ajouta-t-elle, je ne sais pas... demande-moi... Mais c'est un saladier que je voudrais maintenant.

O sainte innocente des champs ! *O rus, quando te aspiciam !* Ce n'est point dans les villes maudites que s'échangent de tels propos où se devine la candeur des âmes ! Plaines immenses de la Beauce, forêts épaisses du Morvan, cimes dauphinoises, collines pyrénéennes, rives fleuries d'Asnières, ma patrie, vous êtes l'asile toujours ouvert aux bonnes mœurs proscrites dans la grande Cité. Je vous salue, temples de la morale, et baise en pleurant votre seuil sacré. Ne vous plairait-il pas cependant, mon amour, que nous fassions retourner notre fiacre pour aller prendre une glace sur les boulevards? Un air trop vertueux m'époumonne, et je me sens indigne de le respirer plus longtemps.

HYPOTHESE

I

Certes, M. Pasteur mérite le nom de grand et je n'en sais pas, parmi les savants, dont le philanthropique génie mérite mieux d'être honoré de l'humanité tout entière. L'application nouvelle de ses théories et des merveilleuses pratiques qu'il a instituées dans son laboratoire à la guérison de la diphtérie par l'inoculation du sérum de cheval est encore pour faire monter jusqu'à lui l'hommage de notre reconnaissance. Et cependant je serai franc. L'idée d'être ainsi infusé de liquide appartenant à d'autres bêtes m'est infiniment désagréable. Est-on vraiment sûr qu'il ne nous en reste rien que des immunités? Tout le monde a remarqué qu'au physique chacun de nous ressemble à un animal particulier. Ceux-ci procèdent du chien, ceux-là du chat, ces autres du mouton. Et cette ressemblance a très vraisemblablement une réflexion morale; car elle tient plus souvent à la physionomie qu'aux traits, à l'expression du regard et du sourire plutôt qu'à la forme des yeux et de la bouche. Méfions-nous, mes enfants, méfions-nous! Ces parentés inégalement flatteuses ne dénonceraient-elles pas l'emploi des méthodes actuellement à la mode à des époques sur lesquelles nous n'avons que des documents insuffisants? On inoculait peut-être dans les Indes anciennes et dans la vieille Egypte. Car il est probable qu'on n'invente rien aujourd'hui qui n'ait été déjà inventé autrefois. Chaque civilisation s'épanouit en une floraison de connaissances toujours maintenues dans les limites de l'esprit humain, mais roulant, pour ainsi parler, dans un cercle défini. Quand on nous conte que les Pyramides ont été bâties à dos d'Hébreux, on se moque de nous. D'abord, parce que celui qui tirera d'un juif un travail manuel quelconque sera un rude malin. Ensuite, parce que de tels ouvrages supposent d'admirables connaissances mécaniques et impliquent l'emploi de machines dont nous ne connaissons plus la puissance. Oui, certes, il se peut fort bien que nos airs de famille, avec ceux qu'Aurélien Scholl appelle si spirituellement nos parents pauvres, ne viennent pas d'autre chose que d'anciennes pratiques médicales analogues à celles employées aujourd'hui. On ne vole pas impunément à une espèce des éléments constitutifs et vitaux. Les exemples abondent. Le paysan est peu généreux avec les femmes. C'est qu'il se nourrit beaucoup de lapins. On ne saurait faire trop grande attention aux choses qu'on ingère sous quelque forme que ce soit.

Ainsi discourais-je avec mon ami Venteroussin qui, comme moi, est volontiers préoccupé de choses scientifiques.

— J'ai, me dit-il, tout d'un coup, une histoire à te conter qui confirmera la théorie et expliquera, de plus, un phénomène contemporain, celui contre lequel nos étudiants protestent et instituent des monômes qui permettent à nos

bons sergots de montrer leurs jaquettes neuves.
Car notre police aura bientôt toutes les coquetteries des anciens gardes-françaises. C'est une
attention délicate. Il est certainement moins déplaisant d'être passé à tabac par un gentleman
correctement vêtu que par un pétrousquin en
caban.

Et nous nous assîmes, mon ami Venteroussin
et moi, sous les ombrages jaunissants des Tui-
leries, dans la buée d'or sérénale que font les
rayons du soleil couchant à travers les frondaisons jaunies, mêlant le déclin des triomphes au
berceau des mélancolies, cependant que quelques filles passaient au bras de leurs amoureux,
faisant craquer doucement le sable, alentour
des statues où resplendit encore l'héroïque
image des nudités d'antan.

II

— Oui, mon cher, continua ce bavard de
Venteroussin, je suis un des seuls à savoir peut-

être d'où nous vient cette invasion de gentilshommes sous-marins dont le voisinage répugne justement à notre studieuse jeunesse, car le temps est loin où c'était un honneur d'être entretenu convenablement par sa bonne amie, et le métier des galants honorables d'aujourd'hui est infiniment dur. Une honte coûteuse s'attache à ce qui semblait autrefois une ingénieuse économie. D'où nous vient cette marée ? Je t'en vais dire le secret.

Et mon ami Venteroussin levait les yeux vers le ciel pour le prendre à témoin de la vérité de son récit, ce qui permit à un ramier quelconque de lui coiffer d'une crotte le nez qu'il arborait en promontoire. Un peu plus haut et je devenais le gardien d'un nouveau Tobie, et il me fallait aller chercher du fiel de poisson aux frontières d'Espagne. Car le Poète qui sait tout nous a révélé que c'était fort près de Saint-Jean-de-Luz que ce miracle s'était passé de la guérison du patriarche.

Revenu de son émoi, mon ami Venteroussin dit encore :

— Il y a plus de vingt ans, presque trente, l'Académie de médecine était dirigée par un

15

homme éminent, comme toujours, et qui laissa dans la science une trace si profonde qu'il m'est impossible absolument de me rappeler son nom. Mais qu'importe ! Mêlé à tous les travaux de son temps, rien ne lui était étranger des questions à l'ordre du jour. C'est ainsi qu'intimement lié avec le célèbre Coste il était un des propagateurs les plus fervents de la pisciculture. Un jour Coste le vient trouver le front lumineux d'une découverte nouvelle. Il n'était pas impossible, affirmait le pratique savant, d'acclimater les poissons de mer eux-mêmes dans nos rivières. Il n'y avait, pour arriver à ce résultat prodigieux, qu'à modifier, dès l'enfance, l'éducation de ces animaux aquatiques, en supprimant peu à peu le sel de leur alimentation, comme on fait aux jeunes gens, quand, après les avoir nourris de l'esprit d'Horace, on les prodigue à l'ineptie du vaudeville contemporain. Pour tenter en grand l'expérience, il venait d'écrire à son ami, le vieux professeur Van de Prout, de la Faculté de la Haye, le plus grand savant de tous les Pays-Bas, le priant de lui expédier quelques millions d'œufs des poissons les plus abondants dans le port de Scheveningue.

« Votre lettre est-elle partie ? demanda au célèbre Coste le savant éminent dont le nom continue à m'échapper. — Pas encore, répondit le célèbre Coste. — Eh bien, obligez-moi de demander en même temps à votre Van de Prout quelques tubes de vaccin. La Hollande est un pays justement renommé pour ses pâturages et les modèles qu'il a fournis à Paul Potter. Ses vaches ne sont pas moins illustres que ses harengs. Le vaccin y doit être parfait et j'en vais faire l'épreuve sur les moutards indigents qu'on m'apporte en foule pour les prémunir contre la petite vérole. — Rien de plus simple ! » répondit Coste. Et ces deux flambeaux de la science se séparèrent avec tant de majesté qu'on eût dit qu'un enfant de chœur invisible emportait chacun d'eux.

Et, s'étant arrêté un instant, mon ami Vente roussin ouvrit cette parenthèse à son conte :

— C'est étonnant comme ce soleil oblique du couchant me chauffe le bas des jambes.

Affectueusement, je lui fis observer que cette tiédeur lui venait d'un caniche qui venait de le compisser dévotement, la patte sournoisement levée, pendant qu'il me ravissait de son récit.

III

— Moins d'un mois après, le célèbre Coste apportait, à l'anonyme gloire que je respecte dans son obscurité, deux boîtes exactement pareilles, portant le double timbre de la Hollande et de la France. Chacune contenait deux petits étuis en verre, tout à fait semblables et de mêmes dimensions, également pleins d'une matière incolore et granuleuse, infiniment moins ragoûtante qu'une sauce aux truffes toulousaines. « Voici mes œufs et voici votre vaccin. — Vous êtes sûr de ne pas vous tromper? — Regardez les étiquettes écrites de la main même de mon vieil ami. »

Ah! ce Van de Prout! distrait comme tous les savants! Il avait bien écrit les deux étiquettes de sa main, mais il s'était trompé de fioles en les collant dessus.

Inutilement le célèbre Coste se mit à l'œuvre.

HYPOTHÈSE

Mais il eut beau doser le sel dans les bassins où les faux œufs avaient été jetés, avec l'habileté consommée de cent apothicaires, aucune vivante bouillabaisse ne sortit de la masse informe où s'engluait son noble rêve.

Et, pendant ce temps-là, on vaccinait toute la journée, on vaccinait, à l'École de médecine, des milliers d'innocents, on les vaccinait avec des œufs, qui de turbots et de saumons (ceux-là durent devenir riches), qui de merlans et de harengs (cela leur fit des tripes de bons petits bourgeois), d'autres avec des soles (ce qui les fit plats de caractère), le plus grand nombre avec des œufs de...

— N'achève pas! dis-je à Venteroussin. Il passe des dames.

Et, en effet, deux dames de province certainement, mais cossues et venues pour visiter Paris, en ces mois où les vacances expirent, passaient devant nous. L'une d'elles même, en ouvrant un peu brusquement son ombrelle, fit tomber le chapeau de mon ami Venteroussin. Nous les vîmes rejointes un peu plus loin par deux godelureaux très élégants à qui elles avaient donné rendez-vous pour tromper un peu leurs maris, et qui n'avaient pas, j'en suis convaincu, à eux deux, quatorze sous dans leurs quatre poches.

Ah! que je suis heureux, pour une fois, comme on dit à la Haye aussi bien qu'à Bruxelles, d'avoir plus de vingt ans! D'abord je n'ai pas attrapé la petite vérole dont le frai de poisson garantit mal! Et puis je peux passer le front haut devant les monômes vengeurs des étudiants qui ont donné à messieurs les agents une si belle occasion de montrer leurs belles jaquettes!

MADAME GAUDE

I

Un bon nom de province, n'est-ce pas? et de dame provinciale, bien bourgeoise, bien femme de fonctionnaire. Eh! eh! moi je les adore comme ça! Tandis que la tapageuse beauté des Parisiennes s'éparpille comme un scintillement de lune sur un lac aux innombrables petits flots d'argent, leur charme, infiniment plus recueilli, est celui des rares étoiles semées au plus sombre de l'azur. Elles rayonnent discrètement, dans l'ombre, avec une monotonie délicieuse et je ne sais quoi de séculaire qui vient de la monotonie des habitudes. Oui, vraiment, je les adore sortant de l'église avec un missel dans leur main gantée de suède, échangeant, avec leurs amies, des riens, — leurs opinions, par exemple, — sur le prédicateur dont la voix a bercé leur vague rêverie ; entrant chez le pâtissier au retour des vêpres ; faisant un tour sur le mail, à l'heure où mugit, sous les quinconces de la sous-préfecture, la musique militaire ; dansant, comme des perdues, trois ou quatre fois l'an, à d'officielles soirées ; exécutant, comme des chattes, leur ronron égal et monotonement délicieux au coin le plus chaud du foyer. Il faut être le dernier des imbéciles ou des vaniteux — ce qui est la même chose — pour ne pas soupçonner ce qu'une liaison comportant quelque tendresse, avec de telles créatures, comporte aussi de douceur. J'imagine qu'un être raisonnable et revenu de toutes les secouées dont la passion abonde à Paris doit goûter le plus agréable des repos dans un amour départemental de cette sorte. Je vois d'ici, pour ma part, celle que je choisirais : grande, brune, un embonpoint aimable, cette fierté dans l'allure qui donne au plus pacifique des traités l'apparence d'une victoire. Je la voudrais encore dévote, liseuse de romans psychologiques et bornant à l'élégance de ses peignoirs toute sa coquetterie. Pénélope infidèle à Ulysse et refaisant avec moi, chaque jour, ce qu'elle défaisait la nuit avec son époux. Je la vois d'ici, ma bien-aimée provinciale : elle me sourit dans la rouge lumière des tisons, assise en une causeuse où ma place est auprès d'elle. Elle a l'air avenant d'un pâté d'alouettes et le montant discret d'une bisque de curé.

Telle était Mme Gaude.

Et M. Gaude, s'il vous plaît ? Eh bien ! M. Gaude conservait les hypothèques de son chef-lieu d'arrondissement avec la conscience d'un homme pour qui l'enregistrement n'a plus de mystères. Bien qu'il eût fort honorablement et fort laborieusement conquis ce grade honorable dans son administration par d'excellents services, nul n'ignorait qu'il fût le protégé de M. Martin du Cher, ainsi nommé parce qu'ils sont toujours plusieurs à la Chambre qui s'appellent Martin et qui ne l'ont pas volé. Que voulez-vous? ce Martin-là qu'on eût pu, sans inconvénient, confondre avec les autres, avait été camarade de collège de M. Gaude, et celui-ci avait été nommé dans sa circonscription. Comment le député n'aurait-il pas raconté à tous ses électeurs que c'était grâce à sa toute-puissance ? A peine M. Gaude avait-il été pourvu de son avancement que notre Martin avait été remercier le ministre, bien qu'il n'eût rien demandé. Le ministre, qui n'avait cependant aucune raison pour cela, s'était laissé remercier en conscience. Il n'en avait pas fallu davantage pour que M. Gaude passât pour un parfait intrigant. Il n'y a que nos amis de la politique pour nous rendre ces services-là ! Aussi il faut voir comme je fuis ceux de mes anciens compagnons qui ont versé dans cette ornière. Grâce à ma prudence en cette matière, il est avéré que j'ai composé mes vers moi-même et écrit moi-même mes contes journaliers. Pauvre M. Gaude ! Moins sage que moi, il s'enorgueillissait de l'inutile patronage de ce Martin. Il exhalait, en toute occasion, sa reconnaissance ! Et savez-vous quel service lui avait rendu, en réalité, ce bénévole protecteur ? Eh bien, il l'avait fait cocu, ce qui est le bouquet ordinaire de ce genre de feux d'artifice. Oui, mes enfants, cocu comme un cent de Sganarelles. Il n'y a pas à en vouloir à Mme Gaude pour cela. Elle s'ennuyait, cette jolie femme, pendant que son mari veillait aux garanties immobilières des créanciers. M. Martin avait du bagout. Il en avait même trop. Car il avait répandu partout le bruit de sa bonne fortune, le sale drôle! Si bien que notre pauvre M. Gaude passait non seulement pour un parvenu, mais pour un mari complaisant. Ça coûte décidément cher, l'amitié d'un homme d'État. De tout ceci, Mme Gaude était la moins coupable. Elle s'était bien gardée d'aller chanter sur les toits, elle, qu'elle était la maîtresse de M. Martin !

II

Le tranquille bonheur de celui-ci devait être troublé d'ailleurs par la nomination, dans la ville, d'un nouveau receveur de l'enregistrement, M. des Andives. Quand je dis : troublé, je me trompe. Mme Gaude était une de ces femmes foncièrement bonnes qui, plutôt que de contenter un amant, préfèrent infiniment le tromper comme un simple mari. Tout de suite, M. des Andives lui parut un correctif nécessaire de la conversation un peu monotone, rare d'ailleurs plus que de raison, du député. Donc, sans rien retirer à M. Martin, elle donna beaucoup à M. des Andives. Elle eut raison. Foin de la dignité qui consiste à martyriser les gens, sous prétexte de ne pas mentir ! Je n'aime pas qu'on me tue pour ne pas ouvrir ma succession de mon vivant. J'aime mieux exister à côté de mes héritiers, pourvu que je ne les connaisse pas. M. des Andives s'éprit, en toute sincérité, de la belle conservatrice ; il l'aima avec toute la poésie que comportaient son âge et la nature volontiers littéraire du receveur d'enregistrement ; il l'aima sous le regard des étoiles, jaloux comme un fou, baisant les seuils où avait posé son joli pied, gardant une fleur tombée de sa fenêtre, portant sur la poitrine une mèche de ses cheveux. Ah ! comme elle eut raison de ne pas marchander à ce bel amour sa légitime récompense ! Les heures fortunées sont comme les papillons déjà rares sous le soleil d'automne. Il ne faut pas attendre, pour les saisir, que l'hiver ait secoué la poussière veloutée de leurs ailes. A déshonorer de nouveau M. Gaude et à tromper, à son tour, M. Martin, ces deux exemplaires amants goûtaient d'infinies et innocentes délices. Oui, innocentes, morbleu! A qui faisaient-ils mal dans tout cela, pour le grand bien qu'ils se faisaient à eux-mêmes?

III

Mais il n'est pas de bonheur éternel. Sans se rien dire, sans s'être communiqué leur commun soupçon, en même temps, par une façon de parenté d'âmes et d'impressions qui vient toujours à ceux qui vivent longtemps ensemble, surtout quand une femme est entre eux comme le mystérieux trait d'union. M. Gaude et M. Martin eurent une intuition secrète de leur réciproque infortune. Chacun commença par rire de l'autre. Puis ils avisèrent, chacun de son côté, en gens prudents, officiels, et qui n'aiment pas les esclandres. Ils employèrent d'ailleurs le même moyen purement administratif, correctement jean-foutre. On rigola joliment dans les bureaux du personnel, quand, le même jour, par le même courrier, M. le directeur reçut deux poulets presque identiques par lesquels M. Gaude d'une part et M. Martin du Cher de l'autre, demandaient le changement de M. des Andives. Le motif seul différait. M. Gaude le signalait comme un employé futile et inintelligent, et M. Martin comme un garçon dangereux ayant des relations dans l'anarchie. On n'est pas plus loyal et plus généreux. M. le directeur tint, comme on dit, bonne note de cette double et lâche délation. Mais, correct de documentation, comme il convient à un fonctionnaire de ce grade, il annonça à M. Gaude le déplacement demandé, en ajoutant : « Je ne vous cache pas cependant que si l'éminent député de votre arrondissement, M. Martin du Cher, n'avait fait en même temps la même démarche que vous, j'eusse hésité à traiter aussi rigoureusement un jeune homme qui, jusque-là, avait été noté parfaitement. » En donnant la même nouvelle à M. Martin, M. le directeur lui avait également écrit : « Je ne vous cache pas, néanmoins, que si l'éminent conservateur des hypothèques de votre ville, M. Gaude, ne m'avait signalé l'insuffisance administrative de M. des Andives, j'eusse hésité à traiter aussi rigoureusement un jeune homme qui, jusque-là, avait été fort bien vu dans la meilleure société. »

C'est ainsi que l'administration française possède un baume pour toutes les blessures qu'elle fait elle-même. *Alma mater*, comme dirait le poète.

Vous croyez que M. Gaude et M. Martin reçurent, de ce double *post-scriptum*, un trait de lumière ?

Pas le moins du monde.

M. Gaude en conclut tout simplement que ce polisson de M. des Andives avait fait aussi la cour à Mme Martin. Car M. Martin était marié. Il répondit au directeur pour le remercier, ajoutant que si lui-même eût pu faire, à l'administration, le sacrifice de son propre honneur, il n'eût jamais toléré que celui de son meilleur ami fût compromis.

— Quel cynisme ! ne pu' s'empêcher de dire M. le directeur.

Ce fut le dernier coup à la réputation de M. Gaude.

Et Mme Gaude?

Elle attend la nomination du futur receveur de l'enregistrement, en priant Dieu, quand elle va à la messe, un missel dans sa main gantée de suède, qu'il soit, de tous points, aussi aimable que M. des Andives. Il faudrait que Dieu fût vraiment méchant pour ne la pas exaucer.

POST' ESCARPINS

On entend tellement parler anglais, à Paris, dans cette saison, que j'en éprouve comme une contagion de vocables qui traversent la Manche pour se poser sur ma langue. Ont-ils un sens ou non ? Je n'en sais rien absolument. Shakespeare ressuscité y trouverait-il son compte ? J'en doute. Les gens qui, comme moi, ne possèdent qu'une langue, éprouvent un besoin de sacrifier toutefois au cosmopolitisme contemporain. D'une façon générale, ils parlent *étranger*. Le *sabir* n'a pas d'autre origine. Mon titre prépare-t-il donc au conte que je vais vous narrer ? Je n'en répondrais pas. Vous en jugerez après l'avoir lu.

Donc j'étais parti pour Toulouse... Pourquoi pour Toulouse ? Parce que si, les yeux bandés, je m'asseyais au hasard dans un train, c'est certainement à Toulouse qu'il me conduirait. Toutes les déclivités de ma vie ont suivi, comme mon sang, les battements de mon cœur, parce que j'ai toujours adoré cette ville catholiquement païenne et gauloisement romaine, avec ses maisons de briques déchiquetant le ciel bleu et sa Garonne qui roule des mensonges parmi ses cailloux ; avec ses pêches dont la peau a le duvet ambré de celle des jeunes filles, et ses jeunes filles dont la bouche a la saveur sauvage de ses pêches. J'avais pris l'express, dis-je, et j'y avais pour unique voisin de compartiment un Anglais et sa milady d'épouse, plus un de ces petits chiens que les dames d'Albion portent constamment dans leurs jupes et que j'appelle des piss-pockets, toujours pour continuer à être londonien.

J'avoue, à ma honte, que je n'ai jamais goûté démesurément la beauté des Anglaises. Leur fraîcheur incontestable est faite de jus de bifteks et non de sucre de fleurs. L'or de leurs cheveux est gâté par des alliages, et leurs yeux sont peints du même bleu que ceux des poupées. Re-

rement d'ailleurs elles ont le corsage confortablement meublé et, le plus souvent, s'asseyent-elles sur quelque chose d'idéal dont la Vénus callipyge eût souri. Mais je fais là le procès général du type, de l'espèce, du genre tout entier. L'échantillon que j'avais sous les yeux était absolument charmant. Un fleuve de lait sous un brouillard de gaze pouvait seul donner l'idée de l'éclat de son teint, fait de scintillements discrets comme ceux de la neige au soleil. Ses dents avaient, entre ses lèvres roses, des miroitements de nacre. Ses mains étaient un peu longues, mais d'un dessin très pur et d'une chair transparente délicieusement veinée d'azur. Son mylord d'époux avait l'air qu'ont tous les hommes dont on trouve la femme jolie : l'air d'un butor. Son complet moucheté de mille nuances était d'un ton exécrable et d'un goût odieux ; il portait des favoris jaunes si abondants qu'on eût pu en habiller Sganarelle et sa mâchoire eût fait peur à un requin. Ces gens s'exprimaient en un anglais vraisemblablement plus pur que le mien. Car je ne comprenais pas un mot à leur conversation. Il me sembla cependant qu'il était encore plus inintelligible qu'elle. Dans tout ce qui passe sur les lèvres d'une jolie femme, il y a toujours un peu de cet idiome universel qui est le baiser. On en écoute la musique, si on n'en approfondit pas le sens. Le timbre y sonne encore la mélancolie charmante des paradis perdus dont tous nous sommes les exilés. Je remarquai seulement que le mot d'Ussat revenait souvent dans leur entretien. Le lieu de leur destination, sans doute. Car Ussat est une station balnéaire fort inconnue des Parisiens, cachée au fond de l'Ariège, pas très loin de Toulouse, par conséquent, mais au delà. Pour la première fois, je conçus l'idée de ne pas m'arrêter à Toulouse. Pour la première fois, je détournai mes yeux de la belle tour polyédrique de Saint-Sernin, d'où descendait cependant une jolie symphonie de cloches ressemblant à un affectueux bonjour. Il me sembla que la colonne me faisait la moue. Mais je n'étais plus mon propre guide. Je suivais, quoi ? Un rêve ? Moins encore. Vraisemblablement une chimère. Car rien au monde n'autorisait la poursuite dont cette jolie Anglaise allait être, de ma part, l'objet. Ce n'est pas que je n'eusse essayé souvent de me rapprocher d'elle. Mais chaque fois elle avait reculé, non pas avec un grand air de pudeur blessée, ce qui est encore un peu flatteur, mais avec l'indifférence égoïste d'une personne qui aime, avant tout, ses aises et la liberté de ses mouvements. Après avoir beaucoup bavardé, son mari avait consciencieusement ronflé pendant ce petit manège, et c'est un accompagnement fâcheux à des projets d'amour que cette musique nasale. Le nez est l'orgue du pauvre. Le malheur est que Saint-Saëns et Fauré refusent absolument de jouer dessus, et qu'il n'est jamais travaillé que par des mazettes.

Nous étions donc arrivés à destination, puisque j'allais à Ussat aussi, sans que nos besoins de sympathie eussent trouvé à s'accrocher. Je n'en étais devenu que plus amoureux fou. Ma future maîtresse (au moins était-ce bien mon intention) avait beaucoup bu et beaucoup mangé à chaque buffet. Or, c'est un charmant spectacle que l'appétit d'une belle personne et mes yeux avaient pris, eux-mêmes, à chacun des plats qu'elle avait dégustés, un aliment nouveau à la flamme qui descendait jusqu'à mon cœur. Telle la rouge clarté d'un incendie est refoulée par le vent jusqu'aux fondations mêmes d'un édifice. Ouf !

II

Un petit coin de France très particulier que cet Ussat, voisin d'Ornolach où je vous ai conduits quelquefois, perdu dans les montagnes qui descendent de Tarascon pour remonter jusqu'à Ax, prodigieusement agreste et pouvant revendre des crétins et des goîtreux au Valais lui même. L'Ariège roule, au travers, ses eaux claires et profondes où l'œil exercé des pêcheurs, plus souvent armés de fusils que de lignes, aperçoit, sur les pierres du fond, les truites endormies. Peu de verdure, mais des gouffres béants deci, delà, ouvrant dans le roc de larges déchirures ; un coin de nature inculte sous un ciel d'un bleu sombre et profond. Les ronces y poussent à souhait, mais les casinos y meurent à merveille. C'est une station de baigneurs sérieux et mélancoliques où les petites auberges, plus hantées que l'immense hôtel des Bains, ont quelque chose de patriarcal. Mes nouveaux amis, qui continuaient à ne se pas plus occuper de moi que d'un fétu, en choisirent une où je les suivis, sans que leur froideur évidente me troublât. Maison rustique, mais où la servante était, ma foi, magnifique, un brin de fille qui eût été certainement Vénus si elle n'eût été maritorne, mais à qui d'ailleurs les dieux n'avaient pas donné le choix. Je vis qu'elle fit sur l'Anglais une impression considérable et de bon augure pour mes desseins. Il lui demanda son nom et commença de l'appeler. « Miss Paoline » avec un accent amorti et presque séduisant où respirait la tendresse. Moi je n'avais d'yeux que pour Milady et je me fichais de cette admirable créature de paysanne, en quoi j'avais tort : car il se faut toujours garder un merle pour la fuite des grives.

J'avais pris la chambre voisine de celle du couple anglais. Ce voisinage m'était à la fois doux et redoutable. Mais je dois dire que la première nuit ne justifia pas mes terreurs. Monsieur reprit le ronflement rythmique inauguré en chemin de fer et moi je me remis à penser à madame et, cela ne suffisant bientôt plus à mes besoins expansifs, je rédigeai un placet amoureux dont Lucrèce elle-même eût été troublée. Puis je me jetai sur mon lit, et j'attendis impatiemment l'aube, en me demandant comment je ferais parvenir la lettre à son adresse. Il faisait jour depuis deux heures, quand j'entendis l'Anglais sortir, et je jugeai que le moment était peut-être opportun pour glisser mon placet sous la fente de la porte. Mais quelle imprudence! Il fallait trouver mieux et je crus avoir trouvé. Les deux bottines de madame étaient là, devant l'huis, deux bottines fines, un peu longues, comme toutes celles des Anglaises, mais souples et luisantes, coquettement dressées sur des talons pointus et que j'aurais voulu couvrir de baisers si je n'eusse craint d'être surpris dans cette ridicule extase. J'ai dit que j'avais mon idée. Je glissai dans la bottine droite de la belle inconnue, bien au fond, mais à plat pour qu'elle fût forcé de la voir en voulant se chausser, ma déclaration rédigée en anglais de ma composition, qui devait d'autant mieux être comprise d'elle qu'un simple chiffre indiquant l'heure et le nom du lieu du rendez-vous, soit un nom propre, y jouaient le plus grand rôle. Puis, en sautant rapidement dans ma chambre, je m'aperçus que j'avais oublié, moi-même, de mettre mes souliers derrière la porte, omission que je réparai instantanément. Après quoi, je me recouchai et j'attendis les événements, soit l'heure du déjeuner qui me semblait devoir en être le signal.

« Puissances de la terre ! J'avais donc une âme pour la douleur ! J'en ai donc une aussi pour la joie ! » Cette citation est de Jean-Jacques. Mais je l'adopte pour exprimer ma surprise et mon bonheur. La cloche venait de retentir. Je m'étais précipité sur mes chaussures et un petit papier en était tombé. Il répétait, avec une écriture nouvelle, les mots mêmes du mien. C'était l'assentiment formel au rendez-vous et sa confirmation. C'était mieux que cela. C'était notre correspondance assurée, dans l'avenir, par le plus ingénieux moyen ! Je me chaussai à la hâte. Le bonheur me rendait si léger qu'il me semblait que mes chaussures ne me tinssent pas aux pieds. A table, je fus d'une réserve et d'une discrétion admirables. Il ne faut pas afficher ses bonnes fortunes. Elle me saurait gré de mon air peu triomphant. Ah! que cette journée me fut longue! Car c'est au soir que, d'un accord mystérieux et commun, nous avions remis notre bonheur. Dix heures! Heure du berger, que tu fus donc lente à venir!

Enfin, j'étais sur la place, en sentinelle. Une ombre se dessina à quelques pas de moi dans l'obscurité d'une nuit étoilée, obscurité épaissie par les feuillages. Mon cœur battait furieusement. Il me semblait que l'émotion dût grossir, dans mon oreille, ce bruit de pas que j'aurais prévu plus léger. Bon! le mari au lieu de la femme! Ce qu'il y a de pis au monde pour un homme de bonnes mœurs. Elle m'avait trahi! Il avait entre ses mains ma lettre. Il venait me flanquer une tripotée. Mais nous verrions bien. Je me refusais à être battu puisqu'il ne voulait être ni cocu ni content. Ah! mais, je suis susceptible, à mes heures!

Contre mon attente, quand il m'eut reconnu, il se contenta de hausser les épaules et de me tourner le dos. J'ai dit déjà combien j'étais, par ma bonne éducation, indifférent à ce genre de provocation. Décidé à ne pas lui céder le terrain et à ne pas déserter le champ de bataille, je me mis à me promener, à son instar, de long en large sous les platanes aux revers argentés, de façon à le croiser impertinemment à chaque tour, et la lune qui perça subitement le dôme des frondaisons put voir les deux sentinelles étranges montant une garde mystérieuse dont aucun « qui vive! » ne troublait la silencieuse solennité.

Tout à coup mon homme perdit patience et m'abordant brusquement :

— Savez-vô, me dit-il, que vô embêtez moâ.

Et comme je cherchais des mots pour lui répondre sur le même ton :

— C'est moâ, continua-t-il, qui avoir, le premier, donné rendez-vous à miss Paôline.

Je ne comprenais plus. Mais lui, me toisant des pieds à la tête :

— Misérable coquine, fit-il, pick-pockett, filaou, cambrioleur, c'est vô qui avez volé les saôliers de moâ.

Un trait de lumière traversa mon esprit. Je baissai les yeux et regardai. J'avais bien, sur moi, les boîtes à violon de ce bélître et lui était à la torture dans mes escarpins. Le billet que j'avais trouvé n'était pas une réponse au mien : une erreur de classement dans les souliers, aux portes, l'empressement fiévreux avec lequel je m'étais chaussé sans y prendre garde, avaient produit ce colossal quiproquo. J'avais lu un billet de Mlle Pauline.

— Gredin ! m'écriai-je à mon tour, c'est vous qui m'avez volé ma chaussure !

Et nous commençâmes de boxer. C'est-à-dire qu'il m'adressa une quinzaine de coups de poing formidables avant que j'eusse le temps de dire ouf !

Ah ! le lendemain matin, comme je refilai sur Toulouse où la tour polyédrique et sans rancune de Saint-Sernin accueillit l'enfant prodigue avec une joyeuse volée, cependant que la colonne avait l'air de dodeliner débonnairement de la tête, dans la brume légère et dorée qui montait du canal au soleil couchant.

FIN

TABLE

La lune noire	5
Empaillé	16
Statistique	26
Le « Vespuce »	37
La cloche	47
Le conte de l'arche	58
Une rupture	69
Conte oriental	76
Propos de carême	87
L'écho du bonheur	97
Fait-divers arabe	106
Pleine lune	118
Simple badinage	128
Les étrennes bien reçues	137
En buvant du vin clairet	148
Un scandale innocent	158
Mademoiselle Baptiste	167
Porte-bonheur	177
Bonne fortune	188
Edifiante histoire	201
La bonne ménagère	210
Hypothèse	221
Madame Gaude	231
Post' escarpins	241

www.ingramcontent.com/pod-product-compliance
Lightning Source LLC
Chambersburg PA
CBHW070656170426
43200CB00010B/2262